FORTES NA TRIBULAÇÃO

Pe. Fabrício Andrade

Fortes na Tribulação

16ª edição

Editora Canção Nova

Editora: Cristiana Negrão
Coordenadora editorial: Jocelma Cruz
Capa e projeto gráfico: Tiago Muelas Filú
Preparação: Lilian Miyoko Kumai
Revisão: Patricia Bernardo de Almeida

Editora Canção Nova
Rua São Bento, 43 - Centro
01011-000 São Paulo SP
Telefax [55] (11) 3106-9080
e-mail: editora@cancaonova.com
vendas@cancaonova.com
Home page: http://editora.cancaonova.com
Twitter: editoracn

ISBN: 978-85-7677-260-6

“Sobrevêm muitas ondas e fortes tempestades, mas não tememos afogar, pois estamos firmados sobre a pedra. Enfureça-se o mar, não tem forças para destruir a pedra. Ergam-se as vagas, não podem submergir o navio de Cristo.”

São João Crisóstomo, bispo

Sumário

Pra início de conversa

Algumas vezes, em casa ou no trabalho, somos surpreendidos por algumas visitas inevitáveis. Quando percebemos, já estão em nossa presença. Certamente, se tivéssemos tempo hábil, não as receberíamos ou adiaríamos este momento. Mas é claro que não agimos assim com nossa visita inesperada; ao contrário, acolhemo-la e fazemos sala.

Tal realidade, já experimentada por todos, também se aplica a uma visita que, sabemos, um dia chegará, mas que tentamos adiar ao máximo: a visita da Sra. Tribulação. Mal-educada de nascença, chega sem avisar, e, quando menos esperamos, está na nossa vida. Como se não bastasse a sua presença, sempre traz consigo vários problemas. Se pelo menos nos respeitasse e se retirasse quando solicitamos, esgotados de tentar suportá-la; mas ela finge que não nos ouve. Enquanto o tempo parece esquecido por ela, para nós sua visita parece eterna. Mas, enfim, ela chegou! E agora, o que fazer? Aprenderemos a transformar a indesejável visita da Sra. Tribulação num tempo de crescimento humano e maturidade na fé.

É sobre isso e mais umas tantas coisas que vou escrever a você, deixando claro que minha pretensão não é lhe ensinar uma mágica que desaparecerá com seus problemas; na verdade, se eu soubesse fazer isso, já o teria feito eu, em primeiro lugar, com os meus próprios.

Meu querido leitor, minha querida leitora, chamo-o(a) assim agora, mas, ao longo destas páginas, gostaria de poder lhe chamar de um jeito mais íntimo e pessoal. Não pretendo engrossar a lista de obras cuja proposta é oferecer o que você "quer" ouvir, e sim lhe falar o que "precisa" ouvir. Direi verdades conhecidas por todos com os quais convive e, talvez, até já ditas, mas ignoradas por você. Não lhe darei respostas prontas, uma vez que deve chegar às conclusões necessárias por si só, mas é bem provável que já as conheça, porém não teve coragem de assumi-las ou dar o passo para a maturidade.

Quero acolhê-lo(a), provocar o seu melhor, embora precise mexer no seu pior, chorar com você, rir de você e com você! Redescobrir a esperança! Acordá-lo(a) para a vida! Mostrar que provavelmente metade do seu pesadelo se deve a você mesmo. Apontar as pistas da presença de Deus nesse tempo, para que você O procure sempre mais. Nosso Deus "brinca" de pique-esconde, sempre com o objetivo de que você se encontre com Ele.

Este livro é apenas um meio de lhe provar que você precisa encontrar-se com Deus – de uma forma nova e/ou mais profunda. Depois desse encontro, tudo irá mudar, e você jamais será o mesmo.

Pense bem se está disposto a inclinar os seus ouvidos para as palavras e direções que certamente o levarão a Deus e que, sem dúvida, serão exigentes e provocadoras de respostas novas frente aos desafios apresentados pela vida. A "escola da vida" sempre nos aplica avaliações e provas em tempo integral, e para celebrarmos mais adiante a nossa aprovação, é necessário nos submetermos a elas.

A reflexão que faço não esgota o assunto. Meu único propósito é ajudar na resposta que você livremente pode dar aos sofrimentos e às tribulações. Provavelmente não conseguirei ajudar a todos, mas gostaria de prestar esse serviço a você. Se essas páginas puderem socorrer-lhe, já terei alcançado o objetivo. Será uma conversa a dois, um bate-papo, que não irá dispensar a sua resposta concreta.

Escrevo esse livro com a ousadia consciente de quem sabe que oferece muito pouco, como aquele menino do Evangelho (cf. Jo 6,9) que apresentou seus cinco pães e dois peixes, muito pouco, porém tudo o que ele tinha. O desafio era alimentar uma multidão – "Mas, que é isso para tanta gente?" –, e justamente o pouco oferecido foi multiplicado por Jesus, possibilitando saciar a fome das pessoas. Que essa verdade do Evangelho se cumpra na sua vida ao ler esse livro. Peço já a Deus que atualize o milagre de multiplicar o pouco em benefício da necessidade de uma multidão. Então, outra vez o Senhor será movido por Sua compaixão e todos poderão se fartar do banquete que Ele mesmo oferecerá, para assim sermos "fortes na tribulação".

> Mantém o teu coração firme e sê constante, inclina teu ouvido e acolhe as palavras inteligentes, e não te afobes no tempo da contrariedade (Eclo 2,2).

Pe. Fabrício Andrade

Comunidade Canção Nova

Capítulo I

Um convite para você

"Naquele dia, ao cair da tarde, Jesus disse aos discípulos: 'Passemos para a outra margem!' Eles despediram a multidão e levaram Jesus, do jeito como estava, consigo no barco; e outros barcos o acompanhavam. Veio, então, uma ventania tão forte que as ondas se jogavam dentro do barco; e este se enchia de água. Jesus estava na parte de trás, dormindo sobre um travesseiro. Os discípulos o acordaram e disseram-lhe: 'Mestre, não te importa que estejamos perecendo?' Ele se levantou e repreendeu o vento e o mar: 'Silêncio! Cala-te!' O vento parou, e fez-se uma grande calmaria. Jesus disse-lhes então: 'Por que sois tão medrosos? Ainda não tendes fé?' Eles sentiram grande temor e comentavam uns com os outros: 'Quem é este, a quem obedecem até o vento e o mar?'" (Mc 4,35-41)

A Palavra de Deus é viva e atual.

O exato momento em que lê este livro – dia ou noite – não importa para Deus, pois Sua ação é para além do tempo.

Tanto faz se é manhã, tarde, noite ou madrugada, o convite do Senhor é o mesmo feito aos discípulos: "Passemos para a outra margem!".

Um dia, finalzinho da tarde, eles (os discípulos) foram convidados por Jesus para um passeio de barco até a outra margem. O que poderia dar errado? Entre eles havia os pescadores por profissão, e Jesus estava com eles, então aceitaram, sem pensar duas vezes, a proposta de Jesus. Ir em direção à outra margem significava se lançar numa viagem pelo "alto-mar", naquele mar de Tiberíades, que eles tanto conheciam. Porém, embora aquele mar fosse geograficamente um grande lago, ele reservava surpresas inesperadas, como os mais longínquos e extensos mares do mundo.

Não sei se sua vida tem sido um lago ou um mar, mas certamente ela também lhe revelou ou está lhe revelando, por esses tempos, surpresas inesperadas; aquele mar calmo da sua vida, há algum tempo, tem passado por diversas tempestades, verdadeiros maremotos e *tsunamis*.

"Eles despediram a multidão e levaram Jesus, *do jeito como estava*, consigo no barco". Aqueles discípulos não perderam tempo; assim que receberam o convite, entraram no barco, "do jeito como estava [...]".

O convite é de Jesus, mas a resposta é sua. Você não será carregado ou empurrado, e sim tomará uma decisão livre e responderá ao Senhor. Desse modo, ao longo da nossa viagem, você será ativo, fará escolhas, tomará decisões, renunciará, mudará de posição, romperá com uma mentalidade velha e tantas outras coisas que viveremos juntos com Jesus nessa viagem. Sinceramente, ela será exigente e, sem disposição de mudar, crescer e vontade de superar seus problemas, o melhor é que não prossiga na leitura.

Ouso agora no Senhor convidar-lhe para, juntos, "passarmos para a outra margem". Jesus mesmo é que tomou a iniciativa de nos convidar, ou seja, isso é graça de Deus, é um dom. Sem explicar o porquê da Sua escolha, Ele nos selecionou – a mim e a você – para entrar nesse barco e experimentar uma transformação, algo novo nas nossas vidas. Então, o convite está feito, qual é a sua resposta? Vai entrar ou não nesse barco?

Pode fazer as contas e pensar bem, eu espero pela sua decisão! Mas vamos combinar o seguinte: se você optar por prosseguir na leitura, terá que ir até o fim. Como quem põe um pé no barco e deixa o outro na margem do rio, logo não mais conseguirá se manter em pé, à medida que o barco se afastar; você precisa tomar uma decisão agora: ou vem por inteiro nessa viagem, ou para por aqui.

Darei um tempo para você pensar. Se você chegar à outra página, saberei que aceitou entrar conosco nesse barco e enfrentar essa viagem. Estou torcendo pela sua decisão e lhe esperando do outro lado, na próxima página. Pense bem: se passar desta folha para a próxima, teremos um caminho juntos para percorrer...

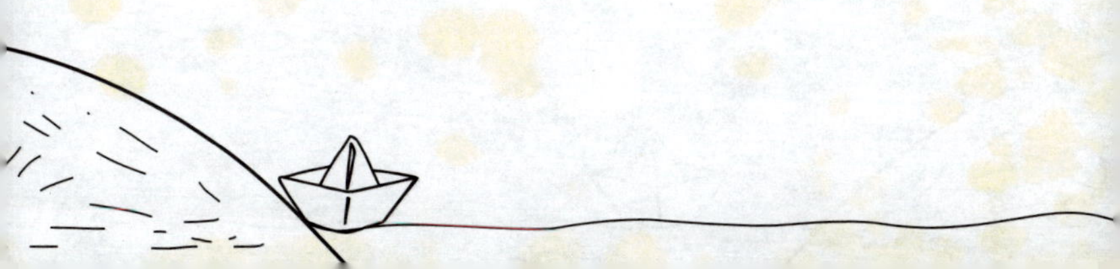

Olá, que bom que chegou aqui! Se você está lendo essa página, significa que aceitou o convite do Senhor e já está conosco nesse barco. Você fez uma bela escolha, e sei que não se arrependerá. Já conseguiu passar de uma folha para a outra, agora vamos juntos com Jesus passar de uma margem para a outra.

Há uma música linda e profunda, interpretada pela Eliana Ribeiro, que pode nos ajudar a viver essa experiência de abandono e confiança em Deus, "Barco a Vela":

> Insisto em perseguir meus desejos,
> Insisto em só fazer do meu jeito
> Me perco querendo ser Deus de mim
> Escolhe mal quem escolhe só
> Quem deixa Deus ser Deus, vê melhor
> Aquilo que os olhos não podem ver
> Por isso deixo aqui meu querer
> Por isso deixo aqui meu querer
>
> Guia-me Senhor por onde lhe aprouver
> Calo o meu querer para ouvir o que Deus quer
> Barco a vela solto pelo mar
> Vou pra onde o vento do Senhor levar

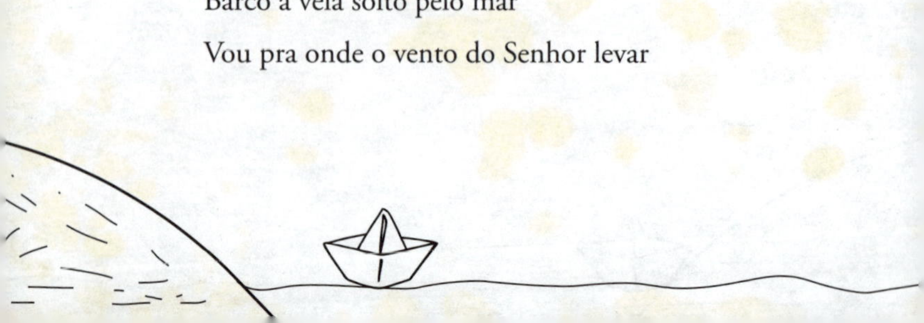

Muitas das nossas tribulações se agigantam porque vão contrárias às nossas vontades, fazendo-nos viver o que não desejamos e sofrer dobrado. Ao achar que tudo deveria acontecer do nosso jeito, que pensamos ser o melhor, insistindo nisso com todas as forças, multiplicamos os nossos sofrimentos no tempo da tribulação. "Insisto em perseguir meus desejos, insisto em só fazer do meu jeito, me perco querendo ser Deus de mim".

Já parou para pensar que tudo pode estar difícil hoje na sua vida porque insiste para que tudo aconteça do seu jeito, no seu tempo? E quando as coisas fogem do seu controle, você logo se desespera e faz de tudo para retomar o controle da situação! Possivelmente, você está sofrendo de uma forma de tentação sutil e disfarçada de ser sempre o dono da verdade; cheio de boas intenções, você quer ser "deus" da sua própria vida. Assim, muitas das nossas tribulações estão ligadas ao fato de querermos ocupar o lugar de Deus nas nossas vidas.

E tudo pode piorar, se nos perdermos ao longo da vida brincando de sermos deus de nós mesmos. Ao fazermos nossas escolhas sozinhos, de acordo com o nosso pensamento, sem enxergar toda a verdade e realidade à nossa volta, ferimos pessoas e acabamos feridos também. Com excesso de peso, esse grande barco da nossa vida apresenta dificuldades em deslizar com velocidade e beleza pelo lindo mar.

Mas que peso é esse? O peso do "meu querer". Devemos abandonar, abrir mão do nosso querer, para que Ele possa realizar livremente em nós aquilo que é o Seu desejo, que seguramente é melhor e maior que o nosso.

Somente libertos do "nosso querer", poderemos ser impelidos pelo vento do Senhor, pelo Seu *Ruah*, pelo Seu Espírito Santo, dando ao Senhor a guia das nossas vidas, para que Ele nos leve para onde, quando e como quiser. A condição é calar o barulho insistente do nosso querer e assim aprender a fazer o silêncio necessário para ouvir o que Deus quer de nós, aceitando ser como um barco a vela, que se submete ao vento do Senhor. E onde será que Ele nos levará? Ainda não sabemos, mas o importante é que seja Ele a nos conduzir...

Quando Jesus convidou os discípulos para atravessarem juntos à outra margem, provocou neles uma resposta de confiança e abandono. Imediatamente, eles despediram a multidão e foram com Jesus, do jeito que Ele estava... Esta foi uma resposta de confiança na pessoa de Jesus. Agora, é a vez de dar a sua resposta a Ele! Embora uma "multidão de problemas" esteja lhe cercando, este é um convite do Senhor, que lhe chama do jeito que se encontra! Ele não julga pelos nossos erros do passado, nem considera nosso distanciamento Dele e de Sua Igreja. Ele vê o nosso coração, o tamanho do nosso desejo de acertar e de fazer o bem.

Ele sabe nos separar dos nossos problemas. Enquanto olhamos para eles, Ele olha para nós e diz: "Filho, filha, passemos para a outra margem...".

Senhor, eis-me aqui! Eu me apresento para essa viagem!

Não sei aonde vou chegar e pelo que vou passar, mas sei que estarei Contigo, e essa é a minha única e maior segurança .

Aceito com alegria estar Contigo, pois foi o Senhor que primeiro me amou e me convidou para essa viagem.

Pode guiar minha vida, Senhor, por onde lhe aprouver. Aceito os Teus caminhos e submeto toda minha vida aos Teus cuidados.

Da minha parte, comprometo-me a silenciar o meu querer e o meu ímpeto de decidir tudo sozinho e apenas com minha visão; calo o meu querer e preciso aprender a ouvir o que Tu queres de mim.

Senhor, me abandono confiante em Ti. Ensina-me a ouvir no concreto da vida o que Tu queres de mim.

Ensina-me a ler nos acontecimentos da vida, nos mais felizes e nos mais trágicos, onde está para mim a vontade de Deus!

Senhor, como um barco a vela fica entregue à força do vento, assim eu me entrego à força da Tua Vontade, assumo como caminho seguro para minha vida aquele do vento do Teu Espírito.

Senhor, eu me apresento para servir à Tua Vontade, que sempre é melhor do que a minha vontade...

Aceito ir Contigo, Senhor, assim do jeito que estou, vivendo tudo isso que estou vivendo; aceito e preciso passar Contigo para a outra margem...

Amém.

Capítulo II

A "escola da vida" e suas provas

"Como a prata é testada ao fogo e o ouro, no crisol,
assim o Senhor prova os corações."
(Pr 17,3)

Quando ouvimos uma mentira dita várias vezes, e por diversas pessoas, aos poucos acreditamos que aquela mentira seja uma "verdade". Já escutei, e você também deve ter escutado muito por aí, até dito algumas vezes: "quanto mais eu rezo, mais assombração me aparece", ou ainda, "quando eu não rezava, minha vida era melhor e com menos problemas do que agora, que estou na caminhada com Deus e na Igreja". A resposta a essas afirmações não está pronta nem é imediata, mas encontrada na experiência pessoal de cada cristão no seu caminho de conversão, à medida que dá passos nessa caminhada. Apenas com o tempo entendemos e aprendemos a reconhecer. Portanto, busquemos na Palavra de Deus, que nunca mente, mas nos revela a Verdade, as direções seguras para enfrentarmos o tempo da prova ou da tribulação.

> Filho, se te apresentas para servir a Deus, permanece na justiça e no temor e *prepara tua alma para a provação*. Mantém o teu coração firme e sê constante, inclina teu ouvido e acolhe as palavras inteligentes, e não te afobes no tempo da contrariedade. Suporta as demoras de Deus, agarra-te a ele e não o largues, para que sejas sábio em teus caminhos. Tudo o que te acontecer, aceita-o, e sê constante na dor; na tua humilhação tem paciência, pois é no fogo que o ouro e a prata são provados e, no cadinho da humilhação, os que são agradáveis a Deus. Crê em Deus, e ele cuidará de ti; espera nele, e dirigirá os teus caminhos; conserva seu temor, e nele permanece até à velhice (Eclo 2,1-6).

Vamos examinar os trechos da Palavra para que possamos compreender bem a nossa realidade.

"Filho, se te apresentas para servir a Deus, permanece na justiça e no temor e *prepara tua alma para a provação*". Aqui está a identidade de todo cristão. Somos servos de Deus, continuadores da missão de Cristo, por isso chamados de cristãos.

Jesus Cristo, por diversas vezes, repetiu que a Sua missão era fazer a Vontade do Pai, colocando-se como Seu servidor. Por isso, quando ensina Seus discípulos a rezar, coloca no centro da oração do Pai-nosso o seguinte pedido: "Seja feita a Vossa Vontade assim na terra como no céu". Todos, sem exceção, somos servos de Deus, de uma forma direta ou indireta, porque estamos à frente de trabalhos pastorais, somos religiosos ou consagrados, chefes de famílias, trabalhadores inseridos na sociedade; ou seja, independente de qualquer coisa e da idade, somos todos servos de Deus, pois temos o constante desejo de acertar na realização da Vontade de Deus, aproximando-nos, dessa forma, da missão de Jesus, que em tudo fez a Vontade do Pai.

Por isso, a importância da exortação do Eclesiástico para nós: *prepara tua alma para a provação*. Ora, apenas aquilo que é *provado* pode ser posteriormente *aprovado*. O estudante que não se submete às provas e exames escolares fica impossibilitado de provar seus conhecimentos e ser aprovado. Assim somos nós na "escola da vida". É necessário que passemos pelas provas para sermos aprovados. Enquanto a maioria prefere fugir e evitar as provações, a Palavra nos diz para estarmos preparados. Tal situação se assemelha a alguém no meio do mar enfrentando uma grande tempestade, sem poder fugir, molhando-se, sendo sacudido pela força das ondas e empurrado pelas rajadas de vento; a única alternativa que lhe resta é estar preparado para enfrentar a tempestade. Muitos de nós vivemos situações assim, bem concretas, inevitáveis, incontroláveis ou ainda inimagináveis, mas a situação é real, o que faremos agora? Fugir? Comprar um livro que ensine a sumir com os problemas? Dar uma de louco e fingir que não é conosco, nem com a nossa família, nossa saúde...? Nada disso dará certo!

O Eclesiástico nos ajuda a entender o que é necessário neste tempo: "Mantém o teu coração firme e sê constante, inclina teu ouvido e acolhe as palavras inteligentes, e não te afobes no tempo da contrariedade". A firmeza de coração no tempo da provação é essencial para nossa vitória, mas por que é tão difícil? Porque muitas vezes exige a disposição de ouvir a opinião dos outros e acolher os conselhos dos sábios, ter paciência e não viver afobado, agoniado e estressado, nesse tempo da contrariedade que parece ser eterno. Então ainda temos: "Suporta as demoras de Deus, agarra-te a ele e não o largues, para que sejas sábio em teus caminhos". Este trecho nos esclarece que o tempo é o de Deus, e não o nosso; assim, o que para nós é uma demora de Deus, para Ele é o tempo necessário. Entretanto nos aponta o porto seguro durante as tempestades da tribulação: "Agarra-te a Ele e não o largues", porém, na prática, geralmente, antes, recorremos a tudo e a todos, e quando não há mais nenhuma possibilidade, aí sim procuramos a Deus, e mesmo assim, por diversas vezes ao longo do caminho, ora seguramos, ora soltamos da mão de Deus. Portanto, a ordem é: *Agarra-te a Ele e não O largues.*

"Tudo o que te acontecer, aceita-o, e sê constante na dor; na tua humilhação tem paciência, pois é no fogo que o ouro e a prata são provados e, no cadinho da humilhação, os que são agradáveis a Deus. Crê em Deus, e ele cuidará de ti; espera nele, e dirigirá os teus caminhos; conserva seu temor, e nele permanece até à velhice". Você pode dizer: "Mais essa agora... ainda me diz que tenho que aceitar tudo o que me acontecer. Isso é fácil para ele, pois não é ele que está vivendo e passando por tudo!" Calma, aos poucos você perceberá que não é pedido para que você se conforme melancolicamente com seus problemas e sofrimentos, mas que aprenda a transformá-los em oportunidades de crescimento e amadurecimento na fé. Pode parecer que o Eclesiástico nos pede uma medida grande demais para viver. Porém, o resumo de tudo isso é a permanência em Deus, aconteça o que acontecer.

Aqui, antes de mais nada, é importante que você saiba distinguir bem uma *provação* de uma *tentação*. A carta de São Tiago, capítulo primeiro, pode nos ajudar:

> Considerai uma grande alegria, meus irmãos, quando tiverdes de passar por *diversas provações*, pois sabeis que a prova da fé produz em vós a constância. Ora, a constância deve levar a uma obra perfeita: que vos torneis perfeitos e íntegros, sem falta ou deficiência alguma (Tg 1,2-3).

São Tiago nos deixa claro que o objetivo das provações é a aprovação da nossa fé, gerando a constância, que nos leva a uma obra perfeita. A provação é para nós como a purificação do ouro, que, quando levado a altas temperaturas, torna-se cada vez mais puro. Por esse motivo, São Tiago diz que devemos nos alegrar quando passarmos por diversas provações, pois é sinônimo de oportunidades de crescimento na fé: "Feliz aquele que suporta a provação, porque, uma vez provado, receberá a coroa da vida, que Deus prometeu aos que o amam" (Tg 1,12).

Também é São Tiago que nos ensinará o que é uma *tentação*: "Ninguém, ao ser tentado, deve dizer: 'É Deus que me tenta', pois Deus não pode ser tentado pelo mal e tampouco tenta a alguém" (Tg 1,13). Assim, a tentação nunca vem de Deus. Enquanto o objetivo da provação é uma obra perfeita, o da tentação é a geração do pecado. Para esclarecer ainda mais:

> Antes, cada qual é tentado por sua própria concupiscência, que o arrasta e seduz. Em seguida, a concupiscência concebe o pecado e o dá à luz; e o pecado, uma vez maduro, gera a morte (Tg 1,14-15).

São Tiago se preocupa em diferenciar a provação da tentação para explicar aos seus ouvintes que os efeitos da provação são o alcance da coroa prometida por Deus e a geração de uma obra perfeita, em contrapartida o fruto da tentação é um processo que gera o pecado, que por sua vez leva à morte.

Estamos juntos nessa, por isso precisamos estar preparados. Assim como uma viagem exige um bom planejamento para que seja bem-sucedida, aqui estamos nos instruindo com informações fundamentais sobre tudo o que enfrentaremos nesse barco.

> E não só isso, pois nos ufanamos também de nossas tribulações, sabendo que a tribulação gera a constância, a constância leva a uma virtude provada e a virtude provada desabrocha em esperança (Rm 5,3-4).

Capítulo III

Esconderijo ou refúgio?

> "Mas eu não estou só. O Pai está sempre comigo. Eu vos disse estas coisas para que, em mim, tenhais a paz. No mundo tereis aflições. Mas tende coragem! Eu venci o mundo."
> (Jo 16,32-33)

Você teve a coragem de se abandonar aos cuidados de Deus. Mas o que pretende com essa atitude de abandono e confiança em Deus? É exatamente isso que devemos descobrir, pois tal é uma condição para prosseguirmos em nossa viagem. A parada aqui é estratégica! E toda a nossa viagem dependerá da sua escolha: esconderijo ou refúgio?

No capítulo dezesseis do Evangelho de São João, Jesus se encontra nos momentos finais de Sua vida ao lado dos discípulos, por isso prepara-os para o tempo das dificuldades. Anuncia que chegará a hora da dispersão dos discípulos, em que eles O abandonarão, porém Ele sabe que não ficará sozinho e desamparado (cf. Jo 16,32). Essa é a fonte da perseverança de Jesus: Ele sempre esteve acompanhado pelo Pai, que não O preservou das tribulações, mas se fez companheiro nelas, dando força e coragem para continuar.

"Mas eu não estou só. O Pai está sempre comigo": Jesus levava essa realidade muito viva em Seu coração; e até mesmo o fato da encarnação não feriu a unidade existente entre o Pai e o Filho. Essa constante comunhão sustentou Jesus nas tribulações enfrentadas, que não foram poucas. Ele encontrava forças todas as vezes que se lembrava de que o Pai estava com Ele. Sentia-se fortalecido para seguir em frente em razão desta realidade. Valorizava mais a presença do Pai do que a superação do problema, que sempre era uma consequência desta experiência de Jesus. É como acontece com uma criancinha: ao se sentir protegida pela presença do seu pai, lança-se no enfrentamento dos desafios, crescendo nas experiências da vida. Por outro lado, quando não conta com a companhia do pai, possivelmente desenvolve medos e inseguranças, pois acredita estar sozinha, assim os problemas apresentam uma dimensão maior do que a real. Muitas vezes, quando essa criancinha se percebe sozinha, ela desenvolve um comportamento agressivo e egoísta, pois, já que ninguém olha por ela, aprende a se defender sozinha e acredita que somente ela própria pode fazer algo por si mesma. É assim que surgem muitos dos adultos autossuficientes, desconfiados e isolados do mundo.

"Eu vos disse estas coisas para que, em mim, tenhais a paz": estamos sempre em busca de paz, porém equivocados quanto ao seu conceito. Para muitos, a paz significa ausência de problemas e conflitos, uma vida sem problemas, dores e tristezas; na verdade, um sonho impossível, pelo menos de realizá-lo aqui na terra. No céu, sim, não teremos choro nem dor, mas por enquanto estamos aqui na terra, sujeitos às realidades desta vida. Sendo assim, como Jesus anuncia a paz aos discípulos?

Jesus apresenta a "verdadeira paz" com o correto referencial, que não é a ausência de problemas ou conflitos, mas sim a presença de Deus, para que Nele, tenhamos a paz. Por isso, conhecemos o testemunho de tantos santos que, no auge das agonias do martírio, deixaram registrada a grande experiência de paz, quando professavam a fé nessa companhia de Deus, principalmente nas horas mais difíceis e exigentes. Assim, a paz verdadeira vem desta constante experiência de que Deus está conosco e nós com Ele. Isso também é muito simples de constatarmos nas nossas vidas sempre que enfrentamos momentos difíceis, situações novas e exigentes, e buscamos um companheiro ou uma companheira como recurso para nos sentirmos mais seguros. Acreditamos que se fulano estiver conosco, conseguiremos superar o momento com mais facilidade e segurança.

Qual tem sido o seu referencial de paz? Será que você também criou o "seu conceito" de paz, segundo os seus moldes e interesses? Talvez não esteja experimentando a verdadeira paz, porque tem buscado-a em fontes falsas e incompletas. Já elegeu alguém como seu companheiro para enfrentar momentos difíceis e isso bastou para você? Tome cuidado para que esse companheiro não substitua o próprio Deus na sua vida.

"No mundo tereis aflições": um Deus que exorta anunciando as dificuldades, não para promover o medo, mas para que tenham a verdadeira paz. A paz Nele, e não nas coisas e pessoas. O anúncio de que os discípulos teriam tribulações não significava que Deus desejava o mal deles, agourando o futuro, ou que eles ficassem neuróticos e assustados, mas para que, cientes da presença e companhia do Pai, tivessem, em meio às tribulações, muita paz e serenidade. É um fato. Somos sempre sacudidos como um barco em alto-mar, em meio à tempestade dos acontecimentos. Enquanto estivermos nesse mundo, estaremos sujeitos às suas contingências. Não podemos viver fora desta realidade, assim como ninguém pode naturalmente viver livre da lei da gravidade, que atrai os corpos para o centro da Terra, impedindo que nos soltemos dela. Quanto às tribulações desta vida, também ninguém está isento delas, independente de sua natureza.

Então, se você espera uma vida sem problemas e tribulações, é bom acordar deste sonho infantil, despertar para a vida e se tornar um adulto maduro diante desta realidade concreta da vida: "No mundo tereis tribulações". Jesus foi bem realista com Seus discípulos, alertando-os das lutas que enfrentariam, por isso, não podemos esperar um tratamento diferente para conosco. Neste mundo, nesta vida, sempre teremos tribulações e aflições. É encantador perceber como Jesus era realista com Seus discípulos. Sem perder a ternura, anunciava a verdade, a única capaz de formar o homem por inteiro.

Jesus não mascarava a verdade da vida com promessas ilusórias, nem dizia meias verdades para os discípulos. Certa vez, quando os enviava em missão, disse para eles: "Eis que vos envio como ovelhas no meio de lobos". É possível imaginar o medo que sentiríamos de ir nesse lugar onde Jesus os havia enviado. Ele poderia amenizar este anúncio dizendo que talvez encontrassem pelo caminho "pequenas dificuldades" ou alguns probleminhas, para não assustar os discípulos; mas Jesus jamais faria essa escolha.

Nós é que escolhemos, com desculpas pseudopsicológicas e motivacionais, esconder a verdade das pessoas, ou ainda dizer de um modo diferente, para não traumatizar e assustar. Deus nos livre desse cuidado hipócrita! Se você espera, de alguma forma, encontrar aqui "meias verdades" ou realidades maquiadas, pode tirar seu cavalinho da chuva. A metodologia da verdade dita com caridade e na hora certa sempre obteve resultado positivo, e é assim que caminharemos até o fim. Não existe verdadeira paz onde se falam apenas meias verdades, pois estas já são uma mentira inteira. Onde existe mentira, a paz é falsa e frágil; bastará a verdade vir à tona e tudo se transformará em guerra e grande tribulação. Soluções fáceis se tornam com o tempo problemas difíceis.

Os relacionamentos estão adoecendo hoje exatamente por falta de verdade. Isso é observado até nas famílias, com esposa e marido, pais e filhos. Não significa que precisamos ser estúpidos ou ignorantes com as pessoas, mas dizer apenas a verdade, sem excluir a afetuosidade. Onde já se viu, quem disse que a verdade é prejudicial? O próprio Jesus disse: "conhecereis a verdade, e ela vos libertará". A verdade é igual a uma injeção, na hora dói, mas passa logo, e no futuro os efeitos são sempre positivos.

"Mas tende coragem! Eu venci o mundo": não se esqueça que Jesus estava dirigindo aos discípulos uma palavra de encorajamento. Por isso, o anúncio concreto de que passariam por muitas tribulações não eliminou a força de animá-los para o enfrentamento desta realidade. Jesus mesmo disse com voz forte: "Tende coragem, tende ânimo!" Mas como ter coragem e ânimo com este anúncio?

Mais uma vez, Jesus aponta um referencial verdadeiro: "Eu venci o mundo!". Seguimos um Deus que já venceu os desafios deste mundo.

O resgate do ânimo na vida se relaciona com a experiência pessoal com Jesus. Quero lhe proporcionar também uma palavra de encorajamento, para que possa enfrentar as tribulações, mas sem querer ser inventor de uma nova forma de fazê-lo, ao contrário, de forma consciente quero em tudo copiar o método de Jesus.

Jesus disse aos discípulos que eles teriam tribulações na vida, e o que os mantinha longe do desânimo era a certeza de seguir a um Senhor que havia proclamado: "Eu venci o mundo". Isso eles entenderam com maior profundidade depois da ressurreição de Jesus. Também agora quero dizer a você: sua vida terá muitas tribulações, mas isso não é motivo para o desânimo, pois temos a mesma garantia concedida aos discípulos: "Eu venci o mundo". Quem está com Ele já é um vencedor, mesmo que hoje precise continuar lutando. A vitória já está garantida Nele.

Qual é a sua opção?

O objetivo aqui não é sobrecarregá-lo com informações e palavras, e sim fazê-lo repensar aquilo que temos buscado, que certamente não é a tribulação.

Seria uma grande perda de tempo escrever ou falar sobre como desaparecer com ela, pois é igual a erva daninha (o mato): um dia você retira tudo, capina o terreno e deixa-o limpo, mas, com o passar dos dias, sem que ninguém plante ou regue, a erva daninha reaparece e cresce sem alarde e, quando menos esperamos, o terreno está novamente tomado por ela (um matagal completo). Assim, se não podemos dar fim à tribulação, podemos ao menos aprender a enfrentá-la.

A primeira reação diante deste tempo difícil é sempre a vontade de desaparecer, até que tudo se resolva. Foi assim desde o início da humanidade, quando Eva e Adão se deram conta do erro que cometeram desobedecendo às ordens de Deus. A primeira reação deles foi se esconder de Deus:

> Quando ouviram o ruído do Senhor Deus, que passeava pelo jardim à brisa da tarde, *o homem e a mulher esconderam-se do Senhor Deus no meio das árvores do jardim*. Mas o Senhor Deus chamou o homem e perguntou: "Onde estás?" Ele respondeu: "Ouvi teu ruído no jardim. *Fiquei com medo, porque estava nu, e escondi-me*" (Gn 3,8-10).

Esconder-se e fugir da dificuldade; esses comportamentos são repetidos por muitos até hoje; assemelham-se às criancinhas, que, ao perceber o perigo, logo se escondem ou tentam fugir. Agora, imaginem se essa fosse a melhor alternativa, sem dúvida viveríamos escondidos na maior parte de nossas vidas. Na tentativa de nos escondermos da tribulação, viveríamos como eternos fugitivos. Vida de ratinho que se esconde e foge do gato. O ratinho é obrigado a fugir sempre do gato, pois não pode enfrentá-lo, por ser menor, mais frágil; sabe que a sua tribulação é maior do que ele, e caso se descuide, pode ser engolido.

Há muitos adultos que vivem vida de rato, escondendo-se o tempo todo dos problemas e tribulações; adultos que criam um universo de mentiras e desculpas para escapar dos problemas.

Esse não é um comportamento de quem segue a Cristo. Então, se não tem como esconder ou fugir da tribulação, se ela é uma realidade concreta, o que fazer? Buscar um refúgio durante a tribulação.

É fácil de entender a diferença. Quem busca um esconderijo, está certo de que não poderá contra a tribulação e age como o ratinho. Porém, podemos aprender um jeito mais digno de enfrentá-la.

Diversos Salmos nos apontam para a busca de Deus como um refúgio. Esconderijo e refúgio são muitos diferentes. Quem desiste da luta busca um esconderijo, mas quem busca um refúgio traz em si outras certezas e motivações. O refúgio é um lugar para a pessoa que enfrenta uma luta ou vive um tempo difícil e pretende refazer as suas forças, a fim de voltar para o enfrentamento da adversidade. Por exemplo, uma pessoa que esteja na luta contra um câncer, realizando um tratamento quimioterápico; logo após as sessões de quimioterapia, precisa de um refúgio, onde se recuperará dos efeitos do tratamento, para mais adiante continuar no enfrentamento desta enfermidade rumo à cura.

É nesse sentido que o salmista nos aponta Deus como um refúgio seguro: "Na hora do medo, em ti me refugio. Em Deus, cuja promessa eu louvo, em Deus confio, não temerei: o que um homem me pode fazer?" (Sl 56,4-5). O salmista, no tempo da tribulação e do medo, faz um caminho contrário àqueles citados anteriormente (Adão e Eva, o ratinho): ele escolhe a Deus como seu refúgio e deposita na pessoa de Deus sua confiança e segurança, a ponto de não temer homem algum.

É preciso ter a experiência de Deus como nosso defensor, como um "lugar seguro" para refazer as nossas forças. Refugiados em Deus, somos nutridos e restaurados, pois sabemos que devemos voltar para a luta, cabendo a nós o vencimento destas tribulações. O pedido de socorro para Deus não é uma desculpa para nos escondermos, como desertores de uma guerra, e sim um modo de buscarmos a segurança Nele: "Piedade de mim, ó Deus, tem piedade, pois em ti me refugio; abrigo-me à sombra de tuas asas até que passe o perigo. Invocarei o Deus Altíssimo, Deus que me faz o bem" (Sl 57,2-3). Assim como os pintinhos que buscam a proteção das asas da galinha, a fim de se protegerem do sol ou da chuva, mas que sabem, logo, logo precisar eles mesmos enfrentar aquelas realidades, buscamos refúgio e abrigo à sombra das asas de Deus.

> Bendito seja o Senhor, *meu rochedo, que treina minhas mãos para a batalha, meus dedos para o combate*. Meu benfeitor e minha fortaleza, *meu refúgio* e minha libertação, *meu escudo em que confio* e que a mim sujeita os povos. Senhor, que é o homem para cuidares dele? Um filho de Adão para nele pensares? (Sl 144,1-3).

Fica muito claro aqui que esse refúgio oferecido pelo Senhor não é um lugar para covardes, que fogem da luta, procurando se esconder como desertores de uma batalha. Esse refúgio (que é o Senhor) é um "lugar" de treinamento, de formação, de restauração, para quem sabe que terá de voltar para a guerra: "Bendito seja o Senhor, *meu rochedo, que treina minhas mãos para a batalha, meus dedos para o combate*". É uma oportunidade de treinamento intensivo para quem quer perseverar na luta do dia a dia. Em Deus podemos encontrar o suporte que nos falta para nossas fragilidades humanas: "Senhor, que é o homem para cuidares dele? Um filho de Adão para nele pensares?".

A única maneira de experimentar a realidade da fortaleza na tribulação é por meio de Cristo! Somos muito frágeis, limitados e impotentes diante de tantas realidades que querem, o tempo todo, nos reduzir a ratinhos medrosos, que fogem da própria vida, que fazem de seu plano de vida uma busca constante de esconderijo. Esses não são os planos do Senhor para nós. Deus é o nosso refúgio e Nele aprenderemos a enfrentar as nossas tribulações.

O refúgio é lugar dos fortes! Isso mesmo, pois sabem usar as suas fraquezas e cansaços para buscar Aquele que é a fortaleza. Só é possível uma vivência da fortaleza na tribulação se a fonte dessa força vier de Deus, e não de nós mesmos. Diz o Catecismo da Igreja Católica no número 1808:

> A *fortaleza* é a virtude moral *que dá segurança nas dificuldades, firmeza e constância na procura do bem. Ela firma a resolução de resistir* às tentações e *superar os obstáculos* na vida moral. *A virtude da fortaleza nos torna capazes de vencer o medo*, inclusive da morte, de *suportar a provação e as perseguições.* Dispõe a pessoa a aceitar até a renúncia e o sacrifício de sua vida para defender uma causa justa. "*Minha força e meu canto é o Senhor*" (Sl 118,14).

No esconderijo encontramos aquela pessoa que se faz de vítima dos acontecimentos, que se satisfaz em ser alvo da compaixão dos outros e vive repetindo seus sofrimentos e dores para se alimentar das migalhas de atenção das pessoas. Na realidade, quem se torna vítima de verdade são aqueles que caem nessa chantagem barata do "ratinho do esconderijo": *Olha, gente, tem dó de mim*! Essa frase fica escrita na testa destas pessoas.

No refúgio, que é Deus mesmo, experimentamos o dom maravilhoso da fortaleza, descrito tão bem pelo Catecismo da Igreja. Uma virtude para ser vivida "*no meio das dificuldades*", pois, uma vez refeita no refúgio, a pessoa fica restaurada para voltar à luta, que continua. Essa virtude "*assegura a firmeza e a constância*", necessárias para o enfrentamento do tempo da tribulação. Somente no interior do seguro refúgio, que é Deus, encontramos a virtude da fortaleza para sustentarmos a "*firme decisão de resistir*", assumindo que somos cuidados por Deus, e não meros ratinhos abandonados às nossas míseras forças. A virtude da fortaleza nos proporciona a "*capacidade de vencermos o medo*", aquele medo que aprisiona o ratinho no esconderijo, mas que, para nós, pode ser superado. Em Deus, encontramos a força para a "*superação dos obstáculos*" e o enfrentamento "*das provações*".

> Tu que estás sob a proteção do Altíssimo e moras à sombra do Onipotente, dize ao Senhor:

"Meu refúgio, minha fortaleza, meu Deus, em quem confio". Ele te livrará do laço do caçador, da peste funesta; ele te cobrirá com suas penas, *sob suas asas encontrarás refúgio.* Sua fidelidade te servirá de escudo e couraça. Não temerás os terrores da noite nem a flecha que voa de dia, nem a peste que vagueia nas trevas, nem a praga que devasta ao meio dia. Cairão mil ao teu lado e dez mil à tua direita; mas nada te poderá atingir. Basta que olhes com teus olhos, verás o castigo dos ímpios. *Pois teu refúgio é o Senhor; fizeste do Altíssimo tua morada* (Sl 91(90)).

Então, qual é a sua decisão? Esconderijo ou refúgio? Rato ou guerreiro?

Em ti, Senhor, me refugiei, jamais eu fique desiludido; pela tua justiça salva-me! Inclina para mim teu ouvido, vem depressa livrar-me. Sê para mim o rochedo que me acolhe, *refúgio seguro, para a minha salvação* (Sl 31(30),2-3).

Capítulo IV

Cara a cara com a tribulação

"Veio, então, uma ventania tão forte que as ondas se jogavam dentro do barco; e este se enchia de água."
(Mc 4,37)

Certamente, na nossa parada estratégica, no capítulo anterior, você pôde chegar à conclusão sobre a direção que tem caminhado diante das situações adversas. Assim como uma embarcação precisa de todas as coordenadas marítimas para chegar em segurança ao seu destino, também a pessoa que se lança numa caminhada necessita saber para aonde vai. Quem não sabe, corre o sério risco de se perder no caminho. Apenas quem tem uma meta e um objetivo definido pode também, ao longo do caminho, certificar-se de que está no caminho certo ou se desviou da rota. Como uma embarcação à deriva, sem rumo; é assim que muitas vezes encontro as pessoas perdidas nas próprias realidades de suas vidas. É como se eu pudesse ler, na testa de cada uma, a pergunta: para aonde devo ir? Onde estou? Chegou a hora de encontrar ou reencontrar uma direção!

A nossa viagem continua, e no finalzinho daquela tarde: "Veio, então, uma ventania tão forte que as ondas se jogavam dentro do barco; e este se enchia de água" (Mc 4,37). Aqueles homens entraram no barco com Jesus para fazer algo comum a eles, pois já tinham atravessado muitas vezes aquele grande lago; alguns eram experientes pescadores, treinados nos conhecimentos necessários para enfrentar os acontecimentos daquela travessia. Porém, chegou o dia em que uma nova lição seria aprendida no concreto da vida.

"Veio, então, uma ventania tão forte...", chegou sem ser convidada! Se a Sra. Tribulação um dia teve uma mãe, ela se esqueceu de ensinar a sua filha que não se entra em um lugar sem ser convidado. Ninguém convida de livre e espontânea vontade a Tribulação para lhe fazer uma visitinha, mas a verdade é que ela chega sem avisar.

Quando isso acontece, parece que o tempo para. Muitas vezes o tempo em que estamos envolvidos por todos os acontecimentos objetivamente é curto, porém, estamos tão afundados nele que nos parece uma eternidade sem fim essa visita da tribulação. Esquecemo-nos de tudo que já vivemos e nem pensamos no que ainda podemos viver, mas ficamos empacados, presos nesse "tempo da tribulação". A difícil sensação é que a tribulação chegou e nunca mais vai embora.

É justamente contrária a essa percepção de lentidão do tempo que nos automotivamos a encontrar soluções rápidas e fáceis para os nossos problemas. Mas, como todo problema exige o mínimo de empenho e esforço para ser superado, não queiramos adiantar os ponteiros do relógio da vida, pois eles seguem o tempo de Deus. A pressa nunca resolveu problemas, porém abriu caminho para improvisos que se tornam insustentáveis com o passar dos dias.

Quando a tribulação chega, parece que tudo fica na dependência da superação ou não dessa dificuldade. Centramos a vida no problema. Apesar disso, se o tempo é de tribulação, devemos nos segurar em outras mãos:

Segura na Mão de Deus

(Composição: Nelson Monteiro da Mota)

Se as águas do mar da vida quiserem te afogar
Segura na mão de Deus e vai
Se as tristezas desta vida quiserem te sufocar
Segura na mão de Deus e vai

Segura na mão de Deus, segura na mão de Deus
Pois ela, ela te sustentará
Não temas, segues adiante e não olhe para trás
Segura na mão de Deus e vai

Se a jornada é pesada e te cansas a caminhada

Segura na mão de Deus e vai

Orando, jejuando, confiando e confessando

Segura na mão de Deus e vai

O Espírito do Senhor sempre te revestirá

Segura na mão de Deus e vai

Jesus Cristo prometeu que jamais te deixará

Segura na mão de Deus e vai

Essa é uma música muito conhecida, cantada principalmente em velórios e missas de sétimo dia. Mas a letra da música em nada está direcionada para o falecido. Ela canta justamente para quem ainda está na luta pela sobrevivência; é uma música para os vivos, para pessoas como nós, que não se deixam afogar pela tribulação. Essa música, como este livro, é para vivos.

O que parece é que Jesus nunca gostou da morte. Isso pode ser compreendido nos episódios em que ressuscitava os mortos; até Lázaro "não escapou" de Jesus, mesmo Ele chegando atrasado em seu velório. Quando lhe foi pedido por um dos seus seguidores: "Deixa primeiro que eu enterre o meu pai", Ele logo respondeu: "deixe que os mortos enterrem os mortos", quase que dizendo assim: vivos com vivos e mortos com mortos. Esclareceu aos seus seguidores que não veriam a morte, mas teriam a vida eterna. Por fim, Ele mesmo, quando morreu, desceu à mansão dos mortos, ficou lá somente três dias, ressuscitou e trouxe todos os que estavam presos pela morte. "Eu vim para que todos tenham vida e vida em abundância!" (cf. Jo 10,10). Por isso não é desejo de Deus que, no tempo da tribulação, estejamos vivendo como um morto.

Você pode se perguntar: como é possível viver como um morto? O tempo da tribulação não é um treinamento para ser um morto, mas para exercer a sua condição de vivo, que enfrenta a luta. Muitos fazem desse período um ensaio para a própria morte: cara feia, de defunto ou de coitadinho; o que só aumenta os sofrimentos do atribulado e de quem convive com ele.

A experiência de enfrentar um momento de grande tribulação assemelha-se a um processo de afogamento. Os problemas são tantos que acabam sufocando a pessoa. Muitas se sentem sem apoio, sem ter um lugar seguro onde firmar os pés, assim acabam sacudidas por imensas "ondas" e afundam. A última tentativa é sempre se agarrar a algo para evitar o afogamento. Aconteceu dessa maneira com Pedro, que indo em direção ao Senhor, naquela noite, caminhou sobre as águas. Enquanto ele tinha os olhos fixos em Jesus, conseguia caminhar sobre a agitação das águas, que não lhe alcançavam, mas, à medida que desviava seu olhar de Jesus e visava a violência da tempestade e a escuridão que o cercava, começava a afundar. Portanto, quando nos concentramos no sofrimento e nas angústias, e seguramos nas mãos da tribulação, corremos o sério risco de, assim como Pedro, afundar. O desespero que se apodera de nós, nas situações turbulentas, não pode desviar o nosso olhar Daquele em quem, certamente, podemos nos agarrar, pois não nos deixará afundar.

Esta é a hora certa para segurar na mão de Deus e continuar no caminho. Quando Pedro começou a afundar, gritou para o Senhor: "Senhor, salva-me" (Mt 14,30). Tal era a tentativa de se segurar em algo ou alguém que lhe desse segurança e lhe salvasse. Diz a Palavra que "Jesus logo estendeu a mão, o segurou-o [...]" (Mt 14,31). Devemos aprender com Pedro a transformar nosso pedido de socorro em oração. O grito de Pedro, naquela noite, certamente é o mesmo grito preso na garganta e no coração de muitos que estão sendo quase engolidos pelas tribulações da vida. Estenda a sua mão para Deus, grite para Ele, e não tenha medo de segurar firme nessa mão e seguir adiante; "segura na mão de Deus e vai...".

A tribulação realmente chega para todos, tanto para os que construíram sua casa sobre a rocha como para os que construíram sobre a areia (cf. Mt 7,24-27); para os homens sensatos e insensatos. Por isso, não devemos nos esconder dela, mas sim saber onde e em quem encontrar apoio para enfrentá-la. Pedro acertou e foi salvo; você também deve gritar e estender as mãos para a pessoa certa: Jesus Cristo.

> Por isso a ti suplica todo fiel *no tempo da angústia*. Quando irrompem grandes águas não o poderão atingir. *Tu és meu refúgio, me preservas do perigo*, me envolves no júbilo da salvação. "Eu te farei sábio, *eu te indicarei o caminho a seguir*; com os olhos sobre ti, te darei conselho. Não sejas como o cavalo ou o jumento sem inteligência; se avanças para dominá-los com freio e rédea, de ti não se aproximam". Serão muitas as dores do ímpio, mas *a graça envolve quem confia no Senhor*. Alegrai-vos no Senhor e exultai, ó justos, jubilai, vós todos, retos de coração (Sl 32(31),6-11).

Capítulo V

A tempestade nos sentimentos

"Os discípulos o acordaram e disseram-lhe:
'Mestre, não te importa que estejamos perecendo?'"
(Mc 4,38)

No tempo da tribulação, a tempestade mais forte acontece sempre no coração! É incrível o revirar dos nossos sentimentos nesses tempos difíceis, que somados a nossa imaginação, na maioria das vezes, tende a aumentar o tamanho dos problemas e diminuir a confiança em Deus, resultando no abalo dos fundamentos da nossa fé.

O tempo da provação é sempre um desafio para a imagem de Deus criada por nós ou apresentada na nossa vida. Frequentemente, essa nossa imagem de Deus difere da realidade daquilo que é Deus. Assim, esse tempo também é uma grande oportunidade para progredirmos de uma concepção infantil de um Deus que é paternalista para uma imagem real de um Deus que tem competência para ser Pai, um Pai que sempre deseja o melhor para os seus filhos, mas que, mesmo assim, não lhes facilita o caminho.

A grande pergunta que incomoda o coração de todo ser humano que passa por uma tribulação, e já deve ter incomodado o seu coração também, está expressa na boca dos discípulos, quando em meio ao desespero da tempestade e à angústia de ver as águas tomarem conta do barco, se voltam para Jesus e dizem: "*Mestre, não te importas que estejamos perecendo?*". Aqui percebemos o que acontece com os nossos sentimentos durante um momento de tribulação: somos levados, pela fragilidade das nossas emoções, a desconfiar do cuidado de Deus para conosco. E nos perguntamos: "Será que Deus não está vendo tudo o que estou passando? Deus não ouve minha oração? Deus não podia ter me atendido? Sinto-me abandonado por Deus! Parece que Deus não se importa com o que está acontecendo comigo e com minha família. Onde está Deus que não me ajuda? O que eu fiz de tão ruim para merecer tanto sofrimento?".

Tal reação do homem é muito conhecida por Deus, pois, desde o Antigo Testamento até os dias de hoje, o homem insiste em buscar um culpado para as tribulações que o assolam, colocando em Deus a grande culpa. Foi isso que fez o povo impaciente aos pés do monte Sinai. Em razão da demora de Moisés para descer, pediram que outros deuses fossem colocados a sua frente, a ponto de, confundidos nos sentimentos, trocarem o cuidado de Deus por um bezerro de ouro. Atitudes absurdas como esta chegam ao nosso coração quando deixamos que as tribulações e a agitação externa passem para o nosso interior, bagunçando nossos sentimentos. *A tempestade mais perigosa é a que acontece no nosso coração!*

É nesse cenário também que surge a grande tentação de abandonar a caminhada de fé ou até deixar de acreditar em Deus. Muitos, perturbados nos sentimentos, resolvem abandonar a Igreja, pois acreditam que foram desprezados por Deus. Então, voltam a viver longe de Deus ou param no meio da caminhada, dizendo: "Antes, quando eu não rezava tanto, minha vida era mais fácil; agora que procuro estar mais com Deus e na Igreja minha vida se transformou num caos, um verdadeiro inferno!". Em razão dessa realidade, o escritor do Eclesiástico nos chama a atenção nesse tempo da provação: "[Filho] *Mantém o teu coração firme* e sê constante, inclina teu ouvido e acolhe as palavras inteligentes, e *não te afobes no tempo da contrariedade*". O que muitas vezes acontece é uma perigosa mistura capaz de explodir a vida de qualquer cristão; as tribulações externas conseguem fazer com que no nosso interior também se instale uma grande tribulação. Por isso, não é tempo de afobamento, de pressa, agonia e agitação, pois a tribulação não deve estar dentro de nós. Rezemos já, agora com o salmista, para retomarmos o equilíbrio nos nossos sentimentos:

> *Espera no Senhor, sê forte, firme-se teu coração* e espera no Senhor. *Senhor,* a ti elevo a minha voz: não fiques em silêncio, meu Deus, pois se não me falas, sou como quem desceu à sepultura. Escuta a voz de minha súplica quando te peço ajuda, *quando elevo as mãos para teu santo templo. O Senhor é minha força e meu escudo; pus nele a minha confiança; socorreu-me, por isso exulta meu coração, com meu canto lhe dou graças. O Senhor é a força do seu povo, refúgio de salvação para seu consagrado. Salva teu povo e bendize tua herança, guia-os e sustenta-os para sempre* (Sl 27(26),14;28,1-2.7-9).

Essa confusão de sentimentos se manifesta de várias formas; a mais comum é a raiva de Deus, pois, ao procurar um culpado para tudo que vivemos, a culpa cai sobre Ele. Com isso, perdemos duas vezes: uma, quando colocamos a culpa na pessoa errada, e a segunda, quando, com nossa raiva, tratamos Deus com indiferença, e muitos até chegam a tê-Lo por inimigo, afastando-se da Igreja e optando por outra religião. Sem dúvida, você deve conhecer exemplos concretos dessa situação.

Temos todo o direito de pensar e questionar a razão dos nossos sofrimentos e problemas, inclusive falar disso na nossa oração com Deus. Podemos nos expressar livremente com Ele, que conhece nossos sentimentos e pensamentos. Porém, o que provoca a ira de muitos é fazer isso esperando e exigindo uma resposta de Deus. Os sentimentos têm confundido também a noção do relacionamento com Deus, pois Ele começa a ser tratado como escravo, cuja obrigação é dar as respostas desejadas, na hora pretendida. Uma verdadeira inversão no relacionamento com Deus.

O ápice dessa confusão de sentimentos do atribulado faz nascer uma desconfiança do amor paterno de Deus, o que o leva a deixar brotar nele o falso sentimento de que não é filho de Deus. Diz o Catecismo da Igreja Católica:

> A confiança filial é experimentada – e se prova – na tribulação. A dificuldade principal se refere à oração de súplica por si ou pelos outros, na intercessão. Alguns deixam até de orar porque, pensam eles, seu pedido não é ouvido (2734).

Então, vivendo uma falsa realidade, o atribulado acaba acreditando, com todas as suas forças, que é "órfão do Pai do Céu". Em razão disso, muitos se desencaminham na vida, preferindo as drogas, as bebidas, a violência, a rebeldia, o ateísmo, a desobediência etc. Esta é a brecha perfeita para que o mal se instale em nós e faça um grande estrago em nossa vida e na das pessoas que convivem conosco.

Ainda como uma evolução dessa mentalidade errada, muitos consideram, nesse suposto abandono de Deus, como melhor e mais rápida solução a sua própria morte. A dor de se sentir esquecido por Deus corrói a pessoa por dentro, fazendo-a perder o sentido da vida; ao não encontrá-lo novamente, decide acabar com a própria vida.

Essa mentira encontra fundamento naquela bagunça dos sentimentos e acaba tendo cara de verdade. Ninguém que pensa em tirar a própria vida está realmente desejando morrer, mas sim, já não suportando os sofrimentos, humilhações, solidão e decepções, se diz cansado desta vida. Na verdade, deseja uma mudança de vida, um sentido para viver que o retire do cenário de tempestade constante. De uma forma covarde, opta por se esconder atrás da morte, como um refúgio, ao invés de se refazer em Deus e enfrentar a realidade.

Quero falar diretamente com você, que já vem a algum tempo planejando e imaginando a própria morte como única solução para os seus problemas. Essa não é a melhor forma de chamar a atenção de Deus e das pessoas que estão a sua volta, pois muita gente sofreria com isso!

Se tudo o que foi mencionado acima tem a ver com você, deixe que a verdade coloque ordem nesse mundo imaginário de mentiras que os problemas criaram em você. Para você que tenta acabar com sua vida aos poucos, bebendo exageradamente ou se drogando, existe uma saída para tudo isso.

Se você acolher o amor de Deus e permitir que Ele ordene seus sentimentos, você experimentará uma grande libertação.

Se você se encontra desesperado(a) por causa da sua família e do seu casamento, cansado(a) de tentar restabelecer aquela alegria vivida no passado, não se deixe vencer por esse desânimo! Pare de se esconder atrás dos seus problemas, pois realmente sozinho não conseguirá resolvê-los. Além disso, ninguém lhe disse que porque se sente só, isso seja uma verdade objetiva. O que você sente não pode ser o único argumento para se chegar à verdade na sua vida.

São inúmeras as situaçãos que eu poderia lhe apontar e em todas elas experimentamos a impotência que leva ao desespero. Porém, essa impotência é justamente o espaço que temos para buscar o auxílio de Deus.

Os discípulos se assustaram com a enormidade das ondas e o perigo dos ventos. Angustiados com a água que tomava conta do barco e o risco de naufrágio, olharam primeiro para o tamanho da tempestade, centraram-se no problema e ficaram desesperados. Provavelmente, eles tentaram sozinhos resolver o problema, confiaram nos conhecimentos humanos e na experiência como pescadores, porém não foi o suficiente. O mesmo acontece conosco quando buscamos as soluções de nossas tribulações em nós mesmos, como se fôssemos onipotentes e capazes de tudo.

Desesperados diante das nossas próprias capacidades, nos voltamos enfim para Deus, mas ainda cheios de autossuficiência, e realizamos uma oração de desabafo, a fim de prensar Deus contra a parede e obrigá-Lo a tomar alguma atitude.

Nossa maior luta durante a tribulação é travada de dentro para fora, dos nossos sentimentos para as ações. A firmeza de coração certamente produzirá a constância necessária neste tempo. Mas uma verdade é inegável: sozinhos também não conseguiremos superar as tribulações da nossa vida. Por isso, retomar a confiança filial em Deus é uma urgência. Invocar Deus com confiança é um seguro remédio contra o desespero do atribulado. Assim, firmemos o coração agora, pois daqui para frente encontraremos nesse barco sacudido por essa forte tempestade uma Grande Surpresa, *uma boa surpresa.*

> Quem nos separará do amor de Cristo? Tribulação, angústia, perseguição, fome, nudez, perigo, espada? Pois está escrito: "Por tua causa somos entregues à morte, o dia todo; fomos tidos como ovelhas destinadas ao matadouro". Mas, em tudo isso, somos mais que vencedores, graças àquele que nos amou. Tenho certeza de que nem a morte, nem a vida, nem os anjos, nem os principados, nem o presente, nem o futuro, nem as potências, nem a altura, nem a profundeza, nem outra criatura qualquer será capaz de nos separar do amor de Deus, que está no *Cristo Jesus, nosso Senhor* (Rm 8,35-39).

Se Deus é por nós

(Salette Ferreira)

Se Deus é por nós, quem será, quem será contra nós?
Se Deus é por nós, quem será, quem será contra nós?

Nem a dor ou tribulação, nem a fome ou perseguição
Nada pode nos separar do amor de Cristo Jesus

Nem a vida, a morte ou os principados
Nem os anjos, o hoje, nem o amanhã

As alturas, abismos, nem as criaturas,
têm a força para nos separa do amor de Jesus

Se Deus é por nós, quem será, quem será contra nós?
Se Deus é por nós, quem será, quem será contra nós?

Quem nos acusará? Quem nos condenará?
Quem nos separará do amor de Cristo Jesus?

Capítulo VI

Na tribulação: uma surpresa!

> "Eis o meu segredo. É muito simples:
> Só se vê bem com o coração.
> O essencial é invisível aos olhos."
> (Antoine de Saint-Exupéry)

Uma vez restabelecida a ordem nos sentimentos do coração, nossos olhos são capacitados a encontrar Deus em tudo que nos acontece, inclusive nos momentos difíceis. Transtornados nos sentimentos, esbarramos em Deus, mas não somos capazes de encontrá-Lo.

No momento da tempestade, Pedro e os discípulos ficaram cegos à presença de Jesus, esqueceram toda a história anterior e que haviam iniciado aquela viagem por causa de um convite de Jesus. Parece que uma enorme e densa cortina ocultou a figura de Jesus. Assustados com a violência da tribulação, perderam a capacidade de perceber o simples e óbvio. O mesmo acontece conosco: algumas vezes, perdemos a capacidade de reconhecer a presença de Jesus; outras, enxergamos a realidade distorcida.

No meio da tribulação, uma vez perdida a capacidade de ver a presença de Deus, os sentimentos negativos tomam proporções grandes em nós e a insegurança se apossa da pessoa, resultando em duas reações comuns: alguns ficam travados de medo e tudo se torna complicado, sendo difícil de viver. A segunda reação tem a mesma origem da primeira – a insegurança advinda de não perceber a presença de Deus e o sentimento de estar sozinho –, mas é contrária a ela: o desenvolvimento de um comportamento de agressividade e rebeldia. Na realidade, tal atitude é uma forma de lutar pela sobrevivência no tempo difícil da tribulação. O grande problema, nesse caso, é que a pessoa muitas vezes busca resolver as dificuldades por ela mesma, como um justiceiro. Quem mais sofre com isso são as pessoas mais próximas – a família e os amigos –, pois se tornam alvo fácil das atitudes e palavras agressivas. Este modo irônico de ataque, na verdade, é um pedido de socorro da pessoa que continua cega para a presença de Deus.

Voltar a enxergar com os olhos da fé é uma necessidade urgente nesse tempo da tribulação. Por isso, peço agora a Deus essa graça para você:

Senhor, estou intercedendo agora por essa minha irmã e por esse meu irmão pelas dificuldades da vida, pelas fortes tempestades enfrentadas. Os olhos deles se turvaram e não conseguem encontrar a Tua presença, mas, peço agora: restabelece neles a capacidade de Te encontrar.

Senhor, eles precisam dessa experiência, agora! Na força do Teu Espírito, peço essa graça! A partir do coração, põe em ordem esses sentimentos, dá serenidade às emoções! Restabelece, Senhor, a capacidade natural que o ser humano tem de Te encontrar, mas que muitas vezes é perdida no tempo da tribulação. Peço que as Tuas mãos possam tocar agora no coração e nos olhos desse meu irmão e dessa minha irmã. Basta um toque das Tuas mãos para que a visão da fé e da esperança seja restabelecida.

Senhor, aquilo que aos homens é impossível para Ti é possível! Retira esse irmão e essa irmã da escuridão e da cegueira espiritual! Senhor, vem em socorro dessa necessidade urgente! Livra aqueles que se viciaram em ser os coitadinhos da vida e aproveitam dos seus muitos problemas e sofrimentos para serem o centro das atenções dessa escravidão! Rompe, Senhor, com todas as reações de agressividade que alguns foram vivendo, atacando a todos a sua volta, se tornando uma pessoa fria e amargurada.

Senhor, basta que eles experimentem a Tua presença com eles e tudo isso estará superado! Senhor, que a Tua Luz seja presença e que eles possam ver. Amém.

Embora agora você não veja essa importante Presença, reze com suas palavras, de forma simples, mas verdadeira, e deixe a Luz de Deus lhe alcançar. Vamos lá, faça a sua parte. Será uma rápida cirurgia para restabelecer a sua visão. Boa oração!

Pedro e os discípulos também foram momentaneamente atacados por essa cegueira típica do tempo da tribulação. Ficaram cegos para as coisas mais simples e essenciais e perderam a capacidade de estabelecer prioridades para o enfrentamento daquele momento difícil que viviam. No tempo da tribulação, é necessário o duro exercício de voltar a enxergar o simples e o óbvio que estão a nossa volta, como uma pessoa que sofreu alguma fratura depois de um grave acidente e precisa, no tempo da fisioterapia, reaprender os movimentos normais, realizados por qualquer criancinha, mas que para ela se torna muito exigente, às vezes até muito doloroso.

Assim somos nós quando, assolados pela violência das tribulações, sofremos diversas fraturas. É fundamental vivermos o tempo de reabilitação das coisas simples e óbvias, pois se tratam de realidades que desprezamos quando enfrentamos uma grande dificuldade. Há pessoas que foram capazes de esquecer completamente de Deus e de sua religião no momento de maior tribulação na sua vida; esqueceu da família; perdeu valores e princípios, magoando muitas pessoas.

Pedro era um experiente pescador. Para ele e alguns dos discípulos, que tinham conhecimentos de embarcações, pois viviam da pesca, atravessar uma tempestade era algo comum e típico do trabalho deles. Mas as pessoas capacitadas e experientes também estão sujeitas a erros primários e faltas graves quando são tomadas pelo desespero, ficando impossibilitadas de subjugar assuntos e realidades que antes dominavam com maestria. Quando bate o desespero, perdemos a capacidade lógica da situação e somos sabotados pelas emoções, assim nossa grande experiência de anos desaparece em segundos.

Pedro se descuidou de algo essencial para a superação daquela tempestade, porém, ao percebê-la novamente, é surpreendido, pois a solução para os seus problemas se encontrava mais perto do que poderia imaginar.

Os discípulos tiveram uma enorme surpresa quando desviaram a atenção da violência da tempestade primeiramente com o coração e depois com os olhos. Eles buscaram a Deus e encontraram Jesus dormindo sobre um travesseiro na *parte de trás do barco*. Durante todo o estado de desespero daqueles homens, Jesus esteve ali, no entanto, agitados pelas tribulações internas e externas, foram cegados para a presença de Jesus. Como numa brincadeira de esconde--esconde, Jesus esteve o tempo todo ali, esperando o momento certo daqueles homens O encontrarem. Jesus é fiel e convidou aqueles homens para fazer uma travessia de barco, dizendo a eles: "*passemos juntos para a outra margem*". Foi essa a proposta de Jesus, o tempo todo Ele foi fiel ao convite inicial que fez aos discípulos. O mesmo acontece com você! O nosso Deus não nos abandona, mas permanece muito perto de nós. Ele é fiel à Sua palavra; se disse que atravessaríamos o mar juntos, é porque assim Ele fará.

Imagina comigo a cara de espanto dos discípulos ao serem surpreendidos com a intervenção de Jesus. Eles encontraram ali bem perto e no meio da tribulação a grande solução para os seus problemas. Isso contraria nossa tendência de acreditar que Deus só está conosco quando nossa vida está tranquila e serena. Não se pode esperar que passem as tempestades e os problemas para nos encontrarmos com Jesus, pois ainda no tempo da tribulação é possível encontrá-Lo.

Jesus estava ali no barco o tempo todo, por que não acalmou então aquela tempestade? Ele estava o tempo todo dormindo na parte de trás da embarcação, sabe por quê? Porque estava "desempregado", sem trabalho, sem função. Os discípulos resolveram ser seus próprios guias e esqueceram Jesus, confiando mais nos seus conhecimentos e capacidades. Tentaram, antes de tudo, superar a grande tempestade com as suas forças, e só depois se lembraram Dele. Muitos cristãos deixam Jesus numa situação de desemprego total, uma vez que eles próprios definem tudo nas suas vidas. Enquanto isso, Jesus, que só sabe ser Senhor e Deus, fica sem espaço para agir, já que as pessoas resolvem ser "senhores e deuses" de si mesmas.

Os barcos daquela época de Jesus eram conduzidos pelo vento ou por remo, pois não tinham motor. A parte da frente, chamada proa, cortava as águas em direção à outra margem e recebia as pancadas das fortes ondas. Mas era na parte de trás, na popa do barco, que se localizava o leme ou timão, uma importante estrutura de madeira usada pelo navegador mais experiente (timoneiro) para direcionar toda a embarcação. Ela é que definia para qual direção a embarcação seria deslocada sobre água. Por isso a enorme importância do timoneiro, principalmente no momento da tempestade. Ele não podia deixar seu posto em nenhuma circunstância, pois, em meio à agitação do temporal, o único que poderia influenciar no direcionamento da embarcação era o *Grande Timoneiro: Jesus Cristo.*

É como um grande espetáculo de teatro. Para que ele aconteça e seja bem-sucedido é necessário um belo e organizado trabalho de bastidores. Jesus é o pescador mais experiente, que conhece as direções e as rotas marítimas. Os nossos olhos não enxergam isso, assim como não vemos os bastidores de um teatro, mas Deus está cuidando de nós, não nos abandona. Basta nossa permissão para que Ele conduza o barco da nossa vida.

Corre o barco da minha vida.
Entre as brumas e sombras da noite,
E não vejo margem alguma;
Encontro-me em meio à imensidão do mar.
A menor tempestade pode me afundar,
Mergulhando o meu barco no torvelinho das águas,
Se Vós mesmo, Deus, não velasseis por mim
Em cada instante de minha vida, em cada momento.
Entre o uivar e o estrondo das ondas
Navego tranquila, com confiança,
E olho, como uma criança, para longe
Porque Vós, *Jesus, sois o Meu Guia.*
Em minha volta o terror e o medo,

Mas a paz da minha alma é mais profunda que a profundeza do mar,
Porque quem está convosco, Senhor, não perecerá,
Disso me certifica Vosso amor divino.
Embora haja muitos perigos em volta,

> Não os temo, porque olho para o céu estrelado,
> E navego com coragem e alegria,
> Como deve fazê-lo *um coração puro.*
> Mas antes de tudo pelo motivo
> De serdes Vós, ó Deus, o *Meu Timoneiro,*
> Tão serenamente corre *o barco da minha vida,*
> Confesso-o em profunda humildade.
>
> (Santa Faustina. *Diário* n. 1322)

A única condição para experimentarmos essa surpresa, mesmo em meio às fortes tribulações, é *manter os olhos fixos em Jesus*: "agarra-te a Ele e não o largues, para que sejas sábio em teus caminhos" (Eclo 2,3-4). Por trás dos olhos fixos em Jesus certamente existe um coração que não se deixará desgovernar pela violência da tempestade.

> Para ti levanto os olhos, para ti que habitas nos céus. Sim, *como os olhos dos escravos olham para a mão dos seus patrões; como os olhos da escrava olham para a mão da sua patroa, assim nossos olhos estão voltados para o Senhor* nosso Deus, até que tenha piedade de nós. Piedade de nós, Senhor, piedade, pois estamos saturados de insultos; estamos saturados das zombarias dos abastados, do desprezo dos orgulhosos (Sl 123).

Em suas cartas, São Paulo não se pergunta sobre a razão dos seus sofrimentos e tribulações, mas experimenta sempre a companhia do Cristo Ressuscitado. São Paulo escolhe usar o tempo da tribulação para manter os olhos Nele e fazer a rica experiência da proximidade de Deus, afirmando: "Tudo posso naquele que me dá força" (Fl 4,13). Esta não é uma frase mágica, mas uma afirmação! Expressa o resultado de uma vida que optou pelo enfrentamento das suas tribulações na companhia de Jesus. A força para isso vem dessa experiência de permanecer Nele. Assim, em Jesus somos fortalecidos e por consequência tudo podemos enfrentar. Entretanto, o contrário também é válido; fora Dele, sou enfraquecido e nada posso.

Retomemos a reflexão de Mateus 7,24-28, mas agora com uma nova visão: o resultado final da tempestade depende sim de onde está fixada a casa. O homem sensato fixa sua casa sobre a rocha, fortalecendo-se e resistindo à tempestade; já o homem insensato fixou sua casa na areia, o que causou a ruína dela. Portanto, a tempestade chega para todos, por isso nosso empenho deve ser a edificação da nossa vida numa rocha firme, capaz de ser um refúgio seguro.

> *Se o Senhor não estivesse do nosso lado*, – que o diga Israel – se o *Senhor não estivesse do nosso lado*, quando os homens nos atacaram, então nos teriam devorado vivos, no furor da sua ira

> contra nós. *As águas nos teriam inundado, uma torrente nos teria afogado, águas impetuosas teriam passado sobre nós.* Bendito seja o Senhor, que não nos entregou como presa a seus dentes. Como um passarinho fomos libertados da armadilha do caçador: a armadilha quebrou e recuperamos a liberdade. *Nosso auxílio está no nome do Senhor, que fez o céu e a terra* (Sl 124).

A calmaria se faz; chega assim a tão esperada bonança.

> *Por isso, não desanimamos.* Mesmo se o nosso físico vai se arruinando, *o nosso interior*, pelo contrário, vai-se *renovando dia a dia.* Com efeito, a insignificância de uma *tribulação momentânea* acarreta para nós um volume incomensurável e eterno de glória. *Isto acontece, porque miramos às coisas invisíveis e não às visíveis. Pois o que é visível é passageiro, mas o que é invisível é eterno* (2Cor 4,16-18).

Se você tiver os olhos fixos Naquele que está no controle de tudo, ainda que não O veja com os olhos humanos, mas com o olhar da fé, não desanimará. Dia a dia experimentamos um revigoramento das forças, de dentro para fora, o que chamará a atenção das pessoas, pois esperam lhe ver cada vez mais triste e deprimido(a), calado(a) e isolado(a), mas, ao contrário, veem uma pessoa fortalecida, enfrentando a tribulação. A certeza de que esta tribulação é momentânea reacende a esperança fundamentada em Jesus Cristo. Este é o segredo de quem sabe educar os olhos para enxergar as realidades invisíveis, que passariam despercebidas por alguém desesperado(a). "Eis o meu segredo. É muito simples: só se vê bem com o coração. O essencial é invisível aos olhos".

Quando eu cursava as séries escolares do primeiro grau, uma professora de língua portuguesa nos ensinava as classes gramaticais dando exemplos para facilitar nosso entendimento. Ao explicar o substantivo, ela diferenciava entre substantivos concretos e abstratos. Dizia que um substantivo concreto era tudo aquilo que dava nome a coisas e pessoas que pudéssemos tocar, como, por exemplo, cadeira, bola, copo, livro, mãe, pai... Quando foi falar sobre o substantivo abstrato, disse que era tudo aquilo que dava nome, mas não podíamos tocar, dando como exemplo Deus. Se você um dia ouviu essa mesma explicação, imediatamente perceba que as regras gramaticais da nossa língua não podem conduzir as nossas experiências de fé. Muitos de nós buscamos fazer uma experiência com um Deus concreto, mas com noções abstratas de fé! Tudo que existe dá testemunho de que Deus é concreto, e não abstrato. É certo que em meio às aflições somos tentados a acreditar que Deus é abstrato, porém, surpreendidos com um Deus que cuida de nós, ainda que não O vejamos, refazemos nossas convicções de fé para encontrar a força necessária para enfrentar a tribulação.

"Eis que estou convosco todos os dias, até o fim dos tempos" (Mt 28,20). Foi assim que Jesus se comprometeu a estar conosco em todos os tempos da nossa vida, independente da nossa percepção. Aqui vale a pena transcrever um antigo poema, "Pegadas na Areia", cuja autoria ainda é duvidosa. Possivelmente ele seja conhecido por você, mas agora é apresentado como um desafio: identificar hoje na sua vida a mesma realidade.

> Uma noite eu tive um sonho, sonhei que estava andando na praia com o Senhor, e através do Céu, passavam cenas de minha vida. Para cada cena que passava, percebi que eram deixados dois pares de pegadas na areia; um era meu e outro do Senhor. Quando a última cena da minha vida passou diante de nós, olhei para trás, para as pegadas na areia, e notei que muitas vezes no caminho da minha vida havia apenas um par de pegadas na areia.
>
> Notei também que isso aconteceu nos momentos mais difíceis e angustiosos da minha vida. Isso aborreceu-me deveras, e perguntei ao Senhor: "*Senhor, Tu me disseste que, uma vez que resolvi Te seguir, Tu andarias sempre comigo, em todo o caminho, mas notei que durante as maiores tribulações do meu viver havia na areia dos caminhos da vida apenas um par de pegadas.*

> *Não compreendo porque nas horas em que mais necessitava de Ti, Tu me deixaste!*".
>
> O Senhor respondeu: "*Meu precioso irmão, Eu te amo e jamais te deixaria nas horas da tua prova e do teu sofrimento. Quando vistes apenas um par de pegadas na areia, foi exatamente aí que Eu te carreguei em Meus braços*".

É uma forma poética e diferente de dizer que Deus cuida de nós, ainda que não O vejamos ou sintamos. Essa é uma realidade muito concreta nas nossas vidas. A Igreja procura deixar essa realidade muito impregnada em nós a cada celebração eucarística, fazendo-nos dizer em resposta às afirmações do sacerdote celebrante: "Ele está no meio de nós!" Quando o sacerdote, na liturgia da Palavra, proclama o Evangelho, ele faz a seguinte exclamação: "O Senhor esteja convosco!" – e toda a assembleia responde: "Ele está no meio de nós". Essa mesma aclamação sacerdotal e resposta da assembleia é repetida no início da liturgia eucarística, na proclamação do prefácio. Nos ritos finais, o sacerdote despede o povo, que não volta para casa desacompanhado, mas na presença do Senhor. Assim diz o padre ou diácono: "Ide em paz e QUE O SENHOR VOS ACOMPANHE".

Essa é a agradável surpresa que venho anunciar a você. Mesmo que esteja vivendo momentos difíceis, que parecem intermináveis, você não está sozinho(a). Deixe-se convencer por essa realidade concreta. A tempestade se transformará em calmaria não apenas com o seu esforço humano, com seu dinheiro ou conhecimentos; ela é a consequência do processo de voltar nossos olhos para o Senhor, que sempre esteve conosco e nos tem carregado no colo, para então encontrarmos a força necessária para enfrentar as tribulações.

> Na sua aflição, clamaram ao Senhor, e ele os livrou de suas angústias. *Mudou a tempestade em brisa suave e as ondas do mar silenciaram.* Alegraram-se com a bonança e ele os conduziu ao porto desejado (Sl 107,28-30).

Essa é a surpresa que o Salmo 107 nos revela. Encontramos Nele a segurança para superarmos as dificuldades.

Os que enfrentam a tribulação e já fizeram essa linda descoberta da presença constante de Jesus, possivelmente vivenciam duas realidades: ou estão passando pela tribulação, à espera desse tempo de calmaria, ou já passaram pela tribulação e hoje desfrutam de um tempo de tranquilidade em sua vida. Independente do que vive hoje, as duas realidades só podem ser vividas na espera pela bonança ou na vivência da mesma a partir da experiência do cuidado de Deus. Por isso, meu irmão e minha irmã, se agarrem em Jesus, para que os seus caminhos sejam de sabedoria. E nas horas mais difíceis, deixe-se levar por Jesus, que segura o leme da sua vida. Os caminhos pelos quais Ele lhe levar sempre serão superiores aos caminhos que você gostaria de fazer.

Num livro antigo chamado *Imitação de Cristo* há o seguinte pensamento: "os que se consideram sábios raramente suportam com humildade serem conduzidos por outros", desse modo, quero lhe convidar a experimentar uma sabedoria que vem do alto, de Cristo, neste momento difícil que está vivendo. Deixe que o próprio Deus conduza o barco da sua vida. Para que os seus caminhos daqui para frente sejam sábios, agarre-se a Jesus, e certamente experimentará um tempo novo na sua vida. A grande surpresa é essa: Deus cuida de você, mesmo que não perceba. Agora mesmo Ele está junto de você, carregando-lhe no colo, e não mais "desempregado", pois você acaba de entregar para Ele o controle total do barco da sua vida; Ele é o Grande Timoneiro.

Deus caminha comigo

(Salette Ferreira)

Quando a tribulação vem me visitar... Onde
está teu Deus?
Muitos querem perguntar, Ele vive em mim,
Caminha comigo, Nele, eu posso confiar
Deus... caminha comigo/ Deus... é meu grande amigo

Ele é mais forte um abrigo/ Ele caminha comigo
Nele eu posso confiar
Quando a dor quer machucar o meu coração
Eu espero em Deus, Ele segura minha mão
Ele é fiel, caminha comigo, Nele, eu posso confiar.

Aquela grande tempestade foi a “desculpa” para uma enorme lição na vida dos discípulos, assim como para você também pode ser essa tempestade ou tribulação que está vivendo. Os discípulos aprenderam no concreto da vida que antes de se dedicarem a encontrar a solução para os seus problemas, é necessário buscar encontrar-se com Jesus, que se faz bem próximo! A partir deste encontro pessoal, as tensões vão se resolvendo cada uma a seu tempo. Eles aprenderam que na tribulação a prioridade é buscar a Deus; as soluções vêm como acréscimo. Somos chamados a ser profissionais do encontro com Deus, e não descobridores de saídas de emergências para os problemas da vida. Quando se busca primeiro resolver os problemas e só depois buscar a Deus, corre-se o grande risco de afundar o barco com tudo dentro.

De agora em diante, seu objetivo será alcançar a outra margem, onde existe uma vida nova, uma chance de conversão. Deus está conosco, portanto devemos nos esforçar para também estarmos com Ele. A tempestade se foi.

Vamos seguir viagem, impelidos pelo vento do Espírito e direcionados pelo experiente timoneiro. Mais do que acalmar a tempestade, agora o grande Timoneiro formará os Seus discípulos.

Capítulo VII

Tempo de crescer

"Crê em Deus, e ele cuidará de ti; espera nele,
e dirigirá os teus caminhos; conserva seu temor,
e nele permanece até à velhice (...)."
(Eclo 2,1-6)

Ao acalmar a tempestade, Ele se direciona para os discípulos e ali mesmo proporciona a eles uma formação. Faz uma pergunta: "Por que sois tão medrosos?"

O medo nasce automaticamente no coração de quem se vê sozinho, desamparado, e se sente "*órfão do Pai do céu*". Aqueles discípulos estavam apavorados porque ainda não haviam encontrado Jesus na parte de trás do barco. Eles até sabiam "teoricamente" da presença de Jesus no barco, mas, de fato, precisavam fazer uma experiência da presença ativa de Jesus e do seu Senhorio em suas vidas. É incompreensível que ainda hoje muitos cristãos vivam sua fé apenas na teoria, sem ter um encontro pessoal com Jesus, que pode sustentá-los no tempo da tribulação.

Para o cristão, a passagem pela tribulação é uma oportunidade de vivenciar uma conversão pessoal, a partir de um esvaziamento de si mesmo (processo kenótico), para estar cheio de Deus. Aprender a lidar com as tribulações e sofrimentos é um credenciamento necessário para o seguimento de Cristo. Ele disse: "Se alguém quer vir após mim, renuncie a si mesmo, tome sua cruz, *cada dia*, e siga-me" (Lc 9,23). Trata-se de uma exigência do Senhor para os que querem segui-Lo; e Ele não abre exceção para ninguém, "Quem não carrega sua cruz e não caminha após mim, *não pode ser meu discípulo"* (Lc 14,27). Jesus não fez propaganda enganosa de um "cristianismo *light* e frouxo", e sim deixou claro que deveríamos tomar a cruz a *cada dia*; aquela cruz que tantas vezes é motivo de reclamação, mas que Ele mesmo avisou que existiria. Perceba que os ensinamentos de Jesus são válidos até hoje para mim e para você. Ele não enganou ninguém a respeito das exigências necessárias para ser um discípulo, um verdadeiro cristão.

*É admirável a capacidade de sacrifício voluntário d*e tantas pessoas que possuem o objetivo de ganhar uma corrida, uma partida de futebol, um concurso de beleza, não medindo esforços para isso. Entretanto, quando esse mesmo empenho é exigido na sua vida de fé, as desculpas sempre aparecem, e ainda há quem diga que muita dedicação é sinal de fanatismo, o que nunca é dito quando se trata de novelas, barzinhos, jogos, Internet, carros, cosméticos e tantas outras coisas. Jesus, porém, proporcionou aos Seus discípulos segurança para o enfrentamento dessas realidades tão exigentes.

Uma das frases mais repetidas por Jesus aos Seus discípulos, quando lhes ministrava um ensinamento, foi: "Não tenhais medo". Foi assim que Jesus exortou Pedro a ter coragem de caminhar sobre as águas do mar em tempestade:

> Quando os discípulos o viram andando sobre o mar, ficaram apavorados e disseram: "É um fantasma!" *E gritaram de medo.* Mas Jesus logo lhes falou: "*Coragem! Sou eu. Não tenhais medo!*" (Mt 14,26).

Por diversas vezes, o Evangelho nos ensina a receita certa para vencer o medo: *a companhia de Jesus!* Foi assim também com os grandes profetas do Antigo Testamento: sempre que eles se voltavam para Deus amedrontados pelas perseguições, a resposta que obtinham era sempre esta: "Eu estarei contigo!" Isso funcionava como um antídoto para o veneno do medo.

Existe na vivência do medo a necessidade de depositar em algo ou alguém a confiança e a segurança. Os trabalhadores responsáveis pela limpeza das janelas de um prédio, por exemplo, sempre devem se certificar que estão bem equipados e seguros para se dedicarem ao trabalho sem medo, depositando no equipamento que utilizam toda a sua segurança. Na nossa vida, de diversas formas, buscamos depositar nossa segurança: planos de saúde, cercas elétricas, cintos de segurança, corrimão de uma escada, pai, esposa, dinheiro, fama..., mas e para a vida toda, onde você está depositando sua segurança? Nenhum dos recursos citados fere nossa dependência de Deus, porém não podem substituir a necessária e sadia confiança no senhor.

Em Deus está a oportunidade de vencer esse medo que tem diminuído a sua fé e aumentado o seu abatimento diante das tribulações. Assim diz a Palavra: "Fortalecei esses braços cansado, firmai os joelhos vacilantes. Dizei aos aflitos: 'Coragem! Nada de medo! Aí está o vosso Deus [...]'" (Is 35,3). A partir da experiência concreta da presença de Deus, você pode ser restabelecido, seus braços e joelhos fortalecidos, ganhar um novo ânimo e muita coragem.

Hoje, muitas pessoas vivem condicionadas por diversas fobias. Pessoas escravizadas pelo medo! O homem moderno vive transtornado pelo medo de perder, morrer, adoecer, ser abandonado, assaltado, sequestrado, traído, e tantos outros temores. Se você é acometido por alguma situação de pânico, em primeiro lugar faça a experiência concreta da companhia de Deus e enfrente a situação. Certamente você respeitará as prescrições e recomendações dos médicos, uma vez que Deus se utiliza muitas vezes da medicina para curar. Ciência e fé não devem estar em lados opostos, se o respeito à vida humana é a questão.

O medo é apenas o sintoma de um problema maior, por isso Jesus não para no medo e tenta chegar à raiz do problema. Em seguida, Ele mesmo faz uma pergunta aos discípulos amedrontados, e agora também faz a mim e a você: *Ainda não tendes fé?*

No tempo da provação e do sofrimento, a nossa atitude diante dos acontecimentos revela a consistência da nossa fé. Em meio ao enfrentamento da tribulação, amadurecemos a nossa fé em Deus e reconhecemos as nossas limitações e fraquezas humanas. Se retomarmos o episódio de Pedro caminhando sobre as águas (Mt 14,22ss), perceberemos que, quando Pedro, por medo, começa a afundar, Jesus, ao lhe estender a mão e recolhê-lo das águas, faz uma pergunta bem semelhante: *"Homem de pouca fé, por que duvidaste?"*.

Jesus não questionou a existência ou não de fé, mas sim a fé enfraquecida pelo medo, pelo desvio do olhar, pelo coração atribulado e confundido nos sentimentos. Sem dúvida, você também tem fé, mas isso não basta para o enfrentamento da tribulação; é necessária uma fé fortalecida. Como um soldado que é enviado para a guerra, estar munido de armas e uniforme é insuficiente, sendo preciso estar em boa forma e fortalecido. Portanto, tanto eu como você necessitamos nos fortalecer na fé! E ninguém se fortalece para ficar descansando na sombra fresca e bebendo água de coco; precisamos estar fortalecidos na fé para o duro enfrentamento do tempo de provação que vivemos ou viveremos. Cabe aqui um questionamento: será que você não se descuidou um pouco da vivência da sua fé? Será que a sua fé não está passando por uma crise anêmica e necessitando de cuidados intensivos para ir mais longe?

Seguramente, existem muitos cristãos que precisam urgentemente de um tratamento intensivo na sua experiência concreta de fé por meio da Eucaristia, da Palavra de Deus, da oração pessoal, do rosário, das devoções aos santos, das experiências de oração comunitárias, de um bom livro de espiritualidade e tantos outros meios disponíveis e ao alcance das mãos de qualquer cristão, dependendo apenas de sua abertura.

Cientes de todas as dificuldades do tempo da provação, devemos nos empenhar no fortalecimento da nossa fé, que em nada se assemelha a uma vida sem lutas ou sofrimentos, e sim a uma fé solidificada que pode nos dar o suporte necessário para o enfrentamento do tempo da tribulação.

> Por essa razão, dobro os joelhos diante do Pai, de quem recebe o nome toda paternidade no céu e na terra. Que por sua graça, segundo a riqueza de sua glória, sejais *robustecidos, por meio do seu Espírito*, quanto ao homem interior. Que Ele faça Cristo habitar em vossos corações *pela fé, e que estejais enraizados e bem firmados no amor* (Ef 3,14-17).

"[...] deixemos de lado tudo o que nos atrapalha e o pecado que nos envolve. Corramos com perseverança na competição que nos é proposta, *com os olhos fixos em Jesus* [...]" (Hb 12,1-2). Aqui, a expressão "olhos fixos em Jesus" não se refere a olhos curiosos ou de meros expectadores, mas de pessoas que buscam uma experiência de fé com Aquele que é capaz de acalmar a tempestade da nossa vida. A busca por essa formação é o que lhe diferenciará da grande multidão anônima de seguidores, colocando-o no grupo dos Seus discípulos. Trata-se de um fortalecimento de dentro para fora, de uma vida interior enraizada no amor e robustecida pelo Espírito. Um cristão bem enraizado na fé pode balançar muito no tempo da tribulação, mas permanece de pé, em razão da força de suas raízes, pois se compromete com a busca constante de formação e com o desejo de vivenciar uma fé madura e adulta.

A nossa fé deve se firmar, crescer e amadurecer à medida que enfrentamos os sofrimentos e as adversidades. Porém, nem sempre esse é o caminho que percorremos, e assim permitimos que as dificuldades consumam a nossa fé. O fogo da provação, que deveria purificar a fé para uma maior maturidade, se torna um verdadeiro "holocausto da fé" (sacrifício que consome toda a oferta).

> Caríssimos, não estranheis *o fogo da provação* que lavra entre vós, *como se alguma coisa de*

> *estranho vos estivesse acontecendo*. Pelo contrário, alegrai-vos por participar dos sofrimentos de Cristo, para que possais exultar de alegria quando se revelar a sua glória (1Pd 4,12-19).

Muitos foram sapecados pela provação, mas mais que o bambu, que tem uma propriedade de regeneração muito grande, capaz de em pouco tempo se restabelecer de um incêndio, você também pode se refazer de todas as sequelas causadas por suas lutas pessoais no tempo da provação. Você pode apresentar essa alta resiliência, como o bambu, pois a fonte dessa capacidade de ser robustecido na fé vem do Senhor.

As pessoas às vezes me perguntam se estão rezando errado, porque não obtêm nenhuma resposta de Deus, nada se altera na sua realidade. Isso indica uma mentalidade infantil a respeito da oração e de seus efeitos. Elas pensam que basta rezar a Deus, constantemente, para que Ele realize a vontade de cada um. Quando isso não acontece, duvidam da existência Dele e alimentam o seguinte pensamento: "Quanto mais eu rezar, maior é a obrigação de Deus em me ajudar, realizando o que lhe pedi". Na verdade, estão quase dando uma ordem ao Senhor! Nem sempre a resposta de Deus será tirar todas as pedras do nosso caminho. Mas certamente Ele nos dará a força para suportar a tribulação.

Para exemplificar, relembremos a oração que Jesus fez ao Pai no monte das Oliveiras, pedindo que Dele se afastasse o sofrimento daquele momento (Lc 22,44); e ali rezou para valer, até suou sangue, mas coloca a vontade de Deus acima da Sua e diz: "seja feita a vossa vontade". Nesse momento, o Pai envia do céu um anjo que *não livrará Jesus de viver aquele difícil momento,* nem permitirá que Ele se esconda, mas O fortalecerá, não Lhe retirando a provação do momento nem alterando a situação, mas auxiliando--O no enfrentamento e fazendo-O "forte na tribulação". Como resposta, diz o evangelista, Jesus rezou com mais insistência. Se Deus agiu assim com o próprio Jesus, por que conosco seria diferente?

Muitas vezes Deus respondeu "sim" à sua oração, porém não como você queria, tirando-lhe a tribulação, mas Ele lhe sustentou e têm sustentado. A prova disso é que você já passou por tribulações terríveis e também sairá dessa que vive agora! Muitos, quando leem essa passagem do Evangelho de Lucas, nem percebem a presença desse anjo enviado por Deus, entretanto, se você for lá no Evangelho, certificar-se-á que Ele está ao lado de Jesus e diz a palavra: "Apareceu-lhe um anjo do céu, que o fortalecia" (Lc 22,43). Também na sua vida esse anjo que o Pai envia para nos fortalecer durante a tribulação passou despercebido ao seu lado. Enquanto você reclamava que Deus não lhe ouvia, ali do seu lado o anjo do fortalecimento estava ao seu dispor.

Assim como os discípulos, que não perceberam num primeiro momento a presença de Jesus naquele barco, nós muitas vezes somos visitados por anjos de Deus que realizam sua missão no silêncio, mas, cheios de nossos problemas, não percebemos esse socorro do alto. Quantas vezes terá já Deus enviado para estar ao seu lado verdadeiros anjos? Mas sei que da próxima vez que isso acontecer a sua reação será bem diferente.

Algumas pessoas acabam vacilando na fé porque se acostumaram a fazer orações baseadas na própria expectativa, e quando ela é, de alguma forma, frustrada, logo se decepcionam com Deus e O culpam de não terem sido atendidas. Deus fica como que subordinado às exigências de uma expectativa humana, que, quando não atendida, causa revolta contra o próprio Deus, a ponto de muitos fiéis desistirem de ser católicos. Certamente você conhece alguém que se afastou da Igreja e de Deus, porque suas expectativas foram frustradas. A maioria das nossas decepções com Deus e com as pessoas está baseada na grande expectativa que criamos a respeito deles. Na fé e nos relacionamentos interpessoais isso é um veneno que mata aos poucos.

Desprovida de exigências, a oração pode começar com uma acusação: por que deixou meu filho morrer? Por que meu casamento está passando por essa situação? Por que agora preciso enfrentar essa doença? Tais queixas podem e devem ser expressas na oração – se não ditas na oração, se transformarão em murmuração e amargura. Muitos têm receio dessa oração de "desabafo com Deus", de questioná-Lo, porém, quem não a vive na oração, mais cedo ou mais tarde, desconta as tensões e preocupações nas pessoas que mais amam, machucando-as com palavras e atitudes. Os Salmos nos convidam o tempo todo a exprimir nossas queixas a Deus, porém com uma diferença: o salmista não permanece mergulhado no seu lamento a Deus e nas suas expectativas humanas, mas sim os transforma em confiança, certo de que Deus o ouve. É o mistério do sofrimento transformado em oração.

Peço a Deus que lhe revele esse caminho de oração, em que os seus problemas e suas lutas se tornam matéria-prima para os momentos fortes de prece. Quando encontramos um cristão que reclama demais de suas dificuldades e comenta com os outros, esse é um sinal de que ele não fez isso anteriormente, na sua oração com Deus. Aquele que divide seus sofrimentos com Deus não sente a necessidade de fazer longos discursos e relatos de suas angústias para as pessoas.

Nossa fé deve ser expressa por meio de uma súplica a Deus, porém, a exigência do cumprimento das nossas expectativas deve ser substituída por uma confiança filial Nele, abrindo-nos para a ESPERANÇA, numa atitude agradecida e disposta a acolher a vontade de Deus. Uma esperança que deixa Deus livre das nossas exigências, podendo Ele realizar o que for melhor para nós. Expectativa e esperança separam duas posturas de oração de uma pessoa que enfrenta a tribulação.

A fé sempre nos conduzirá para uma atitude de esperança e confiança em Deus, porque sabemos que Ele tem e quer sempre o melhor para nós. Ao contrário, a expectativa humana sempre limita o agir de Deus àquilo que os olhos e a imaginação consideram como provável solução. É sempre assim: a pessoa vive imaginando e criando expectativas a partir de si, sempre culpando os outros pela sua frustração e deixando claro que todos seriam obrigados a corresponder às suas expectativas pessoais, até mesmo Deus; são verdadeiras "crianças mimadas na fé".

Infelizmente, nossas igrejas e nossos grupos de oração estão cheios de adultos infantilizados na fé, capazes de se magoarem com Deus quando Ele não se submete aos caprichos dos filhinhos mimados. É hora de crescermos na fé, de testemunharmos para o mundo uma fé amadurecida. Encarar a tribulação nos permite amadurecer, crescer no campo da fé e nos comprometer com a vontade de Deus. Nesse tempo, o que primeiro é colocado à prova é a nossa fé.

> Isso é motivo de alegria para vós, embora seja
> necessário que no momento estejais por algum

> tempo aflitos, por causa de várias provações. Deste modo, *o quilate de vossa fé, que tem mais valor que o ouro testado no fogo,* alcançará louvor, honra e glória, no dia da revelação de Jesus Cristo (1Pd 1,6-7).

Se a sua fé está alicerçada, fixa, fundamentada em Jesus, e não em você mesmo, com toda a certeza você logo poderá cantar a vitória. Mas o que garante a saúde da sua fé e a beleza do seu canto, nós, juntos com os discípulos que entraram naquele barco, conheceremos a seguir.

> Assim, pois, justificados pela fé, *estamos em paz com Deus*, por nosso Senhor Jesus Cristo. Por ele, não só tivemos acesso, pela fé, a esta graça na qual estamos firmes, mas ainda nos ufanamos da esperança da glória de Deus. E não só isso, pois nos ufanamos também de nossas tribulações, sabendo que a tribulação gera a constância, a constância leva a uma virtude provada e a virtude provada desabrocha em esperança. *E a esperança não decepciona*, porque o amor de Deus foi derramado em nossos corações pelo Espírito Santo que nos foi dado (Rm 5,1-5).

Cantarei Vitória

(Composição: Ricardo Sá e Ítalo Villar)

Cantarei Vitória
Cantarei vitória, cantarei vitória
Porque mesmo em meio a dor, Deus não me abandonou
Cantarei vitória, cantarei vitória
Pois em meio à escuridão, eu não perdi a fé;
Cantarei vitória, pois em tanta solidão Deus estendeu sua mão

Cantarei vitória, porque a força que me envolve
É o amor de Deus
Me pondo de pé, erguendo minhas mãos
Inundando-me com seu amor

Cantarei vitória, pois eu sei que o amor
É forte, muito mais que eu
Cantarei vitória, porque sem palavras,
Deus ouviu meu coração

Vitória
Porque minha dor jamais venceu minha oração

Capítulo VIII

O Grande Timoneiro: quem é esse Homem?

"Parai! Sabei que eu sou Deus,
excelso entre as nações, excelso sobre a terra."
(Sl 45)

Uma experiência de fé, capaz de ser suporte no tempo da provação, não é uma mercadoria que se compra numa lojinha de conveniência, nem pode ser improvisada na hora da necessidade. Essa fé como suporte para o tempo da provação surge a partir do conhecimento de quem é Jesus Cristo.

Depois que a tempestade foi acalmada, surge uma pergunta que deixou o coração dos discípulos inquieto: *"Quem é esse homem a quem até o vento e o mar obedecem?"*. Os discípulos não ficaram satisfeitos em ter somente seus problemas solucionados, mas despertaram para um conhecimento mais profundo e maduro sobre a pessoa de Jesus. Assim devemos nós também conhecer esse que acalma a tempestade e permanece na direção do barco no tempo da tribulação, cuidando de nós nos momentos mais difíceis, mesmo quando não O vemos. Talvez seja a primeira vez que irá encontrá-Lo, por isso se prepare, pois será inesquecível e você nunca mais será o mesmo. Ou pode já ter ouvido falar muito Nele, mas esta é a oportunidade de conhecê-Lo. Agora, se vocês já são velhos conhecidos, que tal ir além e conhecer um pouco mais, afinal Deus é um mistério inesgotável. O ideal não é ser um velho conhecido de Jesus, mas fazer desse conhecimento uma experiência sempre nova e contínua.

Quando surgiu no coração dos discípulos essa interrogação a respeito de quem seria Aquele homem, Jesus estava bem próximo deles e poderia lhes contar, mas isso não acontece, pois Ele espera pacientemente o momento em que cada pessoa se encontrará aberta e sedenta para conhecê-Lo e deixá-Lo mudar sua vida. Assim tem sido também com você! Jesus tem respeitado o seu tempo e o seu processo de conversão, que pode ser lento, descontínuo, infantil ou até inexistente. Contudo, se você agora, como os discípulos, também se deixar envolver por esse desejo de saber mais sobre o Grande Timoneiro, sem dúvida o próprio Jesus lhe dará uma nova experiência. No Evangelho de Lucas, o próprio Jesus se apresenta em Seu discurso na sinagoga de Nazaré. Era ali o início da Sua vida pública. Nada melhor que aprendermos sobre Ele com aquilo que Ele mesmo falou de Si e de Sua missão:

> "O Espírito do Senhor está sobre mim, pois ele me ungiu, para anunciar a Boa-Nova aos pobres: enviou-me a proclamar a libertação aos presos e, aos cegos, a recuperação da vista; para dar liberdade aos oprimidos e proclamar um ano aceito da parte do Senhor". Depois, fechou o livro, entregou-o ao ajudante e sentou-se. Os olhos de todos, na sinagoga, estavam fixos nele. Então, começou a dizer-lhes: "Hoje se cumpriu esta passagem da Escritura que acabastes de ouvir" (Lc 4,18-21).

No trecho, Jesus apresenta o Seu "programa de vida", que Ele cumprirá ao longo de Sua vida pública. O anúncio da salvação para esse povo abrangia a totalidade dos males que os afligia, sobretudo males físicos, políticos, sociais, religiosos e espirituais.

Ao testemunhar a presença do Espírito Santo, que *permanece com Ele* o tempo todo, anuncia um profetismo mais pleno do que o dos profetas do Antigo Testamento, dizendo que veio ao mundo "para anunciar a Boa-Nova". Em seguida, seu discurso esclarecerá para quem se destina Sua missão: para aqueles que estavam sofrendo; os pobres, os presos, os cegos e os oprimidos, ou seja, para todos aqueles que enfrentavam quaisquer tribulações, de ordem econômica (pobres), política (os presos), física (enfermos e deficientes), inclusive os oprimidos (tanto numa dimensão social como principalmente na dimensão espiritual). Assim, constatamos que o alvo preferencial da salvação de Jesus são os irmãos atribulados.

Jesus é profeta e salvador universal, por isso não faz distinção de pessoas ou de classes sociais, políticas, religiosas, econômicas. Isso Lhe custou a acusação dos fariseus e escribas, que se incomodavam com Sua atitude de acolher e cear com os pecadores (cf. Lc 15,1-2). Diante disso, a resposta de Jesus foi: "Não são as pessoas com saúde que precisam de médico, mas as doentes. Não é a justos que vim chamar à conversão, mas a pecadores" (Lc 5,31). Portanto, Jesus veio para quem precisava Dele. É a ovelha enferma e machucada que requer a atenção e os cuidados do pastor.

A mentalidade do Antigo Testamento considerava a enfermidade, o sofrimento, os desastres e os problemas na vida como um sinal da distância entre a pessoa atribulada e Deus, afirmando muitas vezes que eram amaldiçoadas e desgraçadas. Jesus se aproximou dos mais necessitados para ir além dessa mentalidade, pois Nele o próprio Deus se aproximava daqueles que a sociedade do tempo buscava marginalizar. Jesus estava na contramão do mundo. Quero pedir agora por você a Deus:

> *Senhor, não sei qual a tribulação que esse meu irmão e essa minha irmã estão enfrentando; não conheço seus duros sofrimentos, mas quero Te apresentar esse "tempo da tribulação" como um lugar por excelência de conhecimento sobre Ti. Que o cansaço e as fragilidades sejam as brechas para a experiência real e concreta com a Tua pessoa. Ainda que nesse tempo de provação todas as pessoas tenham se afastado ou estejam indiferentes às lutas que eles estão enfrentando, sei que, por vocação e amor, o Senhor está bem perto deles. Sei que justamente para o anúncio da Boa-Nova é que o Senhor abraçou os planos de Deus Pai para nos salvar. Assim como aproximastes de tantos enfermos, pecadores, adúlteros, autoridades, prostitutas, leprosos, hoje eu Te peço: alcança esse meu irmão, essa minha irmã.*
>
> *Não posso impor de forma física agora sobre ela e sobre ele as minhas mãos, mas quero pedir que*

essas palavras possam, em comunhão com a Sua ação, estabelecer uma comunhão de almas, numa grande rede de intercessão por todos e para o louvor a Deus. Estou pedindo já, Senhor, que eles tenham um novo encontro pessoal Contigo. Senhor, que por meio da Tua graça eles possam conhecer o Teu rosto. Basta, Senhor, que Te conheçam de verdade para que nunca mais sejam os mesmos. Reaquece os corações, sopra um hálito novo e vivificante sobre eles; e que Tua presença seja sensível e concreta. Sei que agora está entre nós! Amém.

O Jesus que você experimentou na oração é o novo Isaías, e como tal, é cumpridor em plenitude da missão do profeta:

> Enviou-me para levar a boa nova *aos pobres*, para *curar os de coração aflito*, anunciar *aos cativos* a libertação, *aos prisioneiros* o alvará de soltura; para anunciar o ano do agrado do Senhor, o dia de nosso Deus fazer justiça, para consolar *os que estão tristes*, para levar aos *entristecidos* de Sião um adorno em vez de cinzas, perfume de festa em vez de luto, ação de graças em vez *de espírito abatido* (Is 61,1-3).

Agora aqui, citando o texto do profeta Isaías, percebe-se mais claramente que desde sempre o Messias foi esperado como o socorro para os atribulados. Por isso também você pode fazer uma experiência da companhia e consolo de Deus, mesmo cercado de tantos problemas.

A vida, morte e ressurreição de Jesus são o anúncio, por excelência, da PAZ (cf. Ef 2,14-16), não a "nossa paz", no sentido de ausência de conflitos, dores, tristezas e sofrimentos, mas no sentido bíblico do Shalom, como cúmulo de todas as bênçãos de Deus. É também essa paz que rezamos na missa todos os dias, quando o sacerdote diz: "Senhor Jesus Cristo, que dissestes aos vossos apóstolos: eu vos deixo a paz, *eu vos dou a minha paz*". Esta é a fonte da verdadeira força. Como diz o Eclesiástico 2,6: "Crê em Deus, e ele cuidará de ti; espera nele, e dirigirá os teus caminhos".

O programa de missão de Jesus é a salvação pelo Amor, porque a Sua missão no mundo consiste em apresentar o rosto misericordioso de Deus à humanidade. É a partir do amor, cuja origem está em Deus, que todos os problemas deverão ser resolvidos. Na verdade, apenas aquele que não tem Jesus como o primeiro e o centro da sua vida possui um grande problema.

A vida de Jesus foi o ápice da iniciativa de Deus de se fazer conhecido e próximo do homem, principalmente dos menos favorecidos e dos pecadores. Assim, Jesus nos convida a um aprofundamento pessoal a respeito Dele, não se contentando com aquilo que os outros nos dizem:

> "Quem dizem as pessoas ser o Filho do Homem?" Eles responderam: "Alguns dizem que és João Batista; outros, Elias; outros ainda, Jeremias ou algum dos profetas". "*E vós", retornou Jesus, "quem dizeis que eu sou?*"(Mt 16,13-15).

Jesus conduzia Seus discípulos para um conhecimento pessoal sobre Ele, para que estivessem bem próximos e íntimos Dele. Quanto mais eles O conheciam, mais se capacitavam para aguentar firmes o tempo da provação. Na boca de Pedro está a resposta que Jesus espera ouvir de cada um de nós, como prova de uma experiência nova e profunda com a Sua pessoa: "Simão Pedro respondeu: 'Tu és o Cristo, o Filho do Deus vivo'" (Mt 16,16). Precisamos crescer no conhecimento de Jesus, e só se consegue isso com a convivência, com uma certa intimidade. É lamentável constatar que muitas pessoas percorrem o caminho oposto a Jesus, ou seja, ao invés de se aproximarem, vão se distanciando Dele, preferindo usar muletas como a droga, o álcool, a prostituição, o jogo, o adultério, a mentira, a fuga, a revolta, o pessimismo e até o ateísmo. A médio ou longo prazo, esta atitude lhe trará mais sofrimentos.

A reação das pessoas na sinagoga de Nazaré, no dia em que Jesus fez o discurso inaugural de Seu ministério público, nos indica a maneira de encontrarmos a tão desejada força na tribulação: "Depois [Jesus], fechou o livro, entregou-o ao ajudante e sentou-se. *Os olhos de todos, na sinagoga, estavam fixos nele*" (Lc 4,20). Desse modo, fixe Nele o seu olhar, pois aí esta o remédio para nossas enfermidades e angústias.

A carta aos Hebreus anuncia: "Deus falou outrora aos nossos pais, pelos profetas. Nestes dias, que são os últimos, falou-nos por meio do Filho, a quem constituiu herdeiro de todas as coisas e pelo qual também criou o universo" (Hb 1,1-2). Jesus vem para cumprir o que os profetas anunciaram séculos antes. Em Nazaré, Jesus apresenta-se a si mesmo como o profeta do fim dos tempos, quando diz: "Hoje se cumpriu esta passagem da Escritura que acabastes de ouvir" (Lc 4,21).

Quanto a esse "hoje", Ele tem uma dinâmica de permanência, e de um modo cada vez mais profundo e perfeito. Faz menção a um tempo de graça, a um kairós do Senhor que invade o tempo da tribulação e pode transformá-lo num momento favorável para o crescimento na fé. Se nesse "hoje" que você vive, sua escolha for manter os olhos fixos Nele, conhecerá mais profundamente Aquele que é o segredo dos verdadeiros fortes na tribulação. O seu passado, por mais doloroso que tenha sido, já passou; o seu futuro, por mais que lhe cause medo e inseguranças, ainda não chegou; entretanto, você tem o dia de hoje para mudar toda a sua vida. Essa vida nova tem início com o seu encontro pessoal com Jesus.

Seu nome é Jesus

(Ricardo Sá)

Vou falar de alguém, que venceu a morte
Que venceu o mundo, e que está aqui

Este alguém tem nome, é um nome doce
Que eu amo tanto, e já vou dizer

Ele veio salvar, Ele veio mudar
Minha vida, meu coração
Por tua paixão, sua cruz
Fonte de água viva, o cordeiro de Deus
Sal da terra, e do mundo luz
Seu nome é Jesus

Ah, se tu soubesses quem te deu a vida
Quem te dá o céu e te quer feliz

Ah, se o conhecesses, como te conhece
Bem antes que tudo, viesse existir

Ele veio salvar, Ele veio mudar
Minha vida, meu coração
Por tua paixão, sua cruz
Fonte de água viva, o cordeiro Deus
Sal da terra, e do mundo luz
Seu nome é Jesus

Eu conheci... JESUS!

Capítulo IX

Fortes na tribulação

"Vinde ver, contemplai os prodígios de Deus!"
(Sl 45)

Chegamos à outra margem! Conduzidos pelo vento do Espírito e direcionados pelo nosso Timoneiro – Jesus Cristo –, renunciamos o medo, amadurecemos a nossa fé e aprofundamos nosso conhecimento sobre Aquele que é capaz de calar a tempestade. Aprendemos que Sua missão é de paz, uma paz verdadeira construída no amor.

> Assim, pois, justificados pela fé, *estamos em paz com Deus*, por nosso Senhor Jesus Cristo. Por ele, não só tivemos acesso, pela fé, a esta graça na qual *estamos firmes,* mas ainda nos ufanamos da esperança da glória de Deus. E não só isso, pois nos ufanamos também de nossas tribulações, *sabendo que a tribulação gera a constância,*

> a constância leva a uma virtude provada e a virtude provada desabrocha em esperança. *E a esperança não decepciona, porque o amor de Deus foi derramado em nossos corações pelo Espírito Santo que nos foi dado* (Rm 5,1-5).

Essa paz que você sente agora, apesar das suas tribulações, vem de Deus. A constância na fé, a capacidade de continuar na caminhada sem desanimar diante dos obstáculos, é gerada justamente no tempo da provação, e seu fruto é a esperança que não decepciona. Esta brota em nossos corações e se torna uma "âncora" segura, capaz de estabilizar o barco da nossa vida (cf. Hb 6,19).

Dessa forma, experimentamos uma alegria extraordinária, resultante da viva experiência de que não estamos sós; Jesus está conosco. Essa "alegria extra", para além dos acontecimentos ordinários, incomoda muita gente incapaz de entender como, apesar de todos os problemas, você ainda consegue rezar, sorrir e transmitir tanta paz e segurança. O segredo do "Fortes na Tribulação" é a perseverança na oração (cf. Rm 12,11-12), que não nos afasta da realidade, mas refaz as nossas forças.

A parábola do semeador pode nos ajudar a entender algo precioso sobre o momento da visita da tribulação:

> O que foi semeado nas pedras é quem ouve a palavra e logo a recebe com alegria; *mas não tem raiz em si mesmo,* é de momento: quando chega tribulação ou perseguição por causa da palavra, ele desiste logo (Mt 13,20-21).

Não basta ouvir a Palavra com alegria, se esta não se tornar um compromisso. Uma árvore não pode oferecer saborosos frutos, se suas raízes não estiverem saudáveis. Além disso, quando chega o tempo da tribulação, ela é arrancada pelo vento, e grande é sua ruína. Porém, uma árvore com raízes profundas resiste a ventanias e tempestades; alguns galhos até podem balançar, mas certamente permanecerá de pé depois da tormenta.

Assim, devemos ser nós, cristãos, enraizados na nossa fé, em Cristo e nos ensinamentos da Igreja (cf. Cl 2,6-8). Contra toda instabilidade de fé, somos chamados a romper com uma religião de momento, que se deixa moldar simplesmente pela necessidade do instante, desvinculado de um sadio compromisso e perseverança. Nossas igrejas recebem "ondas de cristãos" que vão e vêm, sem o menor compromisso, conduzidos na sua fé pelos acontecimentos. Se tudo estiver bem, eles vão e desaparecem da igreja; mas basta alguém perder o emprego, descobrir um câncer, ter um filho drogado, sofrer adultério, perder a pessoa amada, para que voltem. As igrejas são invadidas por um verdadeiro *tsunami* de pseudocristãos em busca somente de uma cura momentânea, para logo depois voltarem para as suas realidades distantes dos ensinamentos da Igreja. São cristãos que jamais poderão desfrutar da fortaleza na tribulação, pois estão mais preocupados em se livrarem de suas tribulações e seus sofrimentos o mais rápido possível e retomarem aquela vidinha distante de Cristo e de Sua Igreja.

Aqueles que se alimentam da Eucaristia e da Palavra, cultivam o compromisso batismal e buscam o refúgio seguro da oração diária – terço, adoração, jejum, estudo bíblico, silêncio, leitura espiritual – se transformam em verdadeiros cristãos; caso contrário, o que poderemos ter em nossas igrejas são os "cristãos cristais" – lindos por fora e frágeis por dentro. Certamente, estes não suportariam o peso das seguintes palavras: "[...] encorajando os discípulos. Exortavam-nos a permanecerem firmes na fé, dizendo-lhes: 'É necessário passar por muitos sofrimentos para entrar no Reino de Deus'" (At 14,22).

No último livro das Sagradas Escrituras, temos uma referência que nos enche de esperança e coragem, para hoje gastarmos todas as nossas forças na certeza da vitória:

> Então, um dos Anciãos falou comigo, perguntando: "Estes, que estão vestidos com túnicas brancas, quem são e de onde vieram?"

> Eu respondi: "Tu é que sabes, meu Senhor". Ele então me disse: "*Estes são os que vieram da grande tribulação.* Lavaram e branquearam as suas vestes no sangue do Cordeiro. Por isso, estão diante do trono de Deus e lhe prestam culto, dia e noite, no seu santuário. E aquele que está sentado no trono os abrigará na sua tenda. *Nunca mais terão fome, nem sede. Nem os molestará o sol, nem algum calor ardente.* Porque o Cordeiro, que está no meio do trono, será o seu pastor e os conduzirá às fontes da água vivificante. *E Deus enxugará toda lágrima de seus olhos*" (Ap 7,13-17).

São João faz referência a uma última e definitiva tribulação, mas podemos aplicar aqui as tribulações enfrentadas por você. Perceba a promessa guardada a você nessa Palavra: "Estes são os que vieram da grande tribulação [...]. Nunca mais terão fome, nem sede. Nem os molestará o sol, nem algum calor ardente". Este será o seu prêmio, meu irmão e minha irmã. Depois de todas as lutas, existirá uma veste branca, um lugar diante do trono de Deus para você. E o próprio Deus enxugará todas as suas lágrimas!

São realidades da nossa fé, que você abraçou no dia do seu batismo e professa em cada missa dominical. No início do livro, ao apresentar o texto do Eclesiástico, que se direciona para aqueles que se apresentaram para o serviço de

Deus, que nada mais é que o cumprimento da Sua Santa Vontade, seja qual for o estado de vida ou a realidade social em que se vive, minha intenção foi revelar que "estar a serviço de Deus" não é privilégio dos consagrados, sacerdotes, religiosas, monges, mas de todos que querem realizar a vontade de Deus. Assim, "todos os que quiserem viver piedosamente no Cristo Jesus *serão perseguidos* [...]. Quanto a ti, *permanece firme* naquilo que aprendeste e aceitaste como verdade. E sabes de quem o aprendeste!" (2Tm 3,12.14).

Um grande exemplo bíblico de quem enfrentou a tribulação confiando apenas na força proveniente de Deus foi Davi, que enfrentou o gigante Golias:

> Saiu então das fileiras dos filisteus um campeão, chamado Golias, natural de Gat, com uns três metros de altura. Trazia na cabeça um capacete de bronze e vestia uma couraça de escamas de bronze, que pesava mais de cinquenta quilos. Usava perneiras de bronze e um dardo de bronze pendurado entre os ombros. A haste de sua lança era grossa como um cilindro de tear e a ponta de ferro pesava seis quilos. [...]"Tu vens a mim com espada, lança e dardo; eu, porém, vou a ti *em nome do Senhor* dos exércitos, o Deus das fileiras de Israel, que tu insultaste! Hoje mesmo, o Senhor te entregará em minhas mãos, e eu te abaterei e te cortarei a cabeça, e darei o teu

> cadáver e os do exército dos filisteus às aves do céu e às feras da terra, *para que toda a terra saiba que há um Deus em Israel*. E toda esta assembleia aqui vai saber que *não é pela espada nem pela lança que o Senhor concede a vitória*; pois a guerra pertence ao Senhor, e ele vos entregará em nossas mãos" (1Sm 17,4-7.45-47).

Assim, somente com a força em Deus conseguiremos derrotar os diversos "Golias" apresentados em nossa vida: "Pois a vitória na guerra não depende do tamanho do exército, mas da força que vem do céu" (1Mc 3,19). O barco está em alto-mar, sempre conduzido pelo vento forte do Espírito. O grande mar é o próprio Deus, e o barco sou eu, e é você. Vamos adiante e cresçamos na fé. Sem a chance de voltar ao que éramos no início desta viagem, somos impelidos a progredir sempre, conduzidos pelo Espírito, rumo à outra margem, aquela que lá no início Jesus mesmo nos apontou como meta final e porto seguro.

O tamanho da tempestade e a violência do mar não são mais empecilhos para continuarmos no caminho com Deus. Somos como um frágil barquinho de papel capaz de enfrentar as maiores tribulações, confiando apenas no Grande Timoneiro, que, na parte de trás desse barquinho da nossa vida, direciona todo o nosso viver. Abrimos mão do nosso querer e aceitamos ir para aonde o vento do Senhor nos levar, e agora que experimentamos essa fortaleza na tribulação, não nos resta uma opção mais sábia do que confiar toda a viagem nas mãos desse Grande Timoneiro. Estamos com o Senhor. Ele é o Grande Timoneiro que está no controle de todas as coisas. Avante, filhos da Igreja! Coragem, Ele está conosco!

Não dá mais pra voltar

(Monsenhor Jonas Abib)

Não dá mais pra voltar, o barco está em alto-mar
Não dá mais pra voltar, o barco está em alto-mar

Não dá mais pra negar
O mar é Deus e o barco sou eu
E o vento forte que me leva pra frente
É o Amor de Deus

Não dá mais pra voltar, o barco está em alto-mar
Não dá mais pra voltar, o barco está em alto-mar

Não dá nem mais pra ver o porto que era seguro
Eu sou impulsionado a desbravar um novo mundo

Não dá mais pra voltar, o barco está em alto-mar
Não dá mais pra voltar, o barco está em alto-mar

Pra continuar a conversa

Seria muito interessante se eu e você pudéssemos ter presenciado a cara de espanto dos discípulos ao encontrarem Jesus ali bem próximo, ainda durante a tribulação, no controle de tudo, e conseguir ler nos olhos e expressões a transformação dos sentimentos – medo e solidão para coragem e amor.

Não podemos voltar no tempo, mas essa experiência pode ser atualizada na minha e na sua vida. Gostaria de presenciar a próxima visita da Sra. Tribulação a você e ver a cara de surpresa dela, ao encontrar-lhe não mais como um ratinho encolhido de medo, e sim forte e preparado para a provação.

Escrever este livro está sendo uma grande experiência, principalmente pela oportunidade de partilhá-la com você. Dizem que a eficácia na comunicação depende mais da capacidade de se transmitir uma experiência do que um conteúdo ou uma informação. Por isso, esta foi minha maior preocupação, transmitir um verdadeiro encontro com Deus. Aqui podemos criar entre nós um canal de partilha de vida e experiências, portanto, tomo a iniciativa dessa troca de experiências, contando-lhe um acontecimento marcante em minha vida.

No período de descanso desse ano de 2011, oferecido a todo missionário da Comunidade Canção Nova, escrevi boa parte deste livro. Quando estava no sexto capítulo, que para mim é o mais especial, pois é nele que os discípulos se encontram com Jesus de uma forma nova e concreta e uma transformação acontece, minha vida começava a viver um tempo muito forte. Eu e minha família fomos visitados pela Sra. Tribulação, que, sempre mal-educada, chega sem ser convidada.

No primeiro dia de agosto, o estado de saúde da minha avó materna, que enfrentava um câncer, se agravou e enfrentávamos um difícil momento, uma vez que o médico nos confidenciou que sua vida poderia estar chegando ao fim.

Antes de sair de férias, assisti com os seminaristas a um filme chamado *My Life*, que me marcou com a seguinte frase: "A morte é a forma mais dura de se aprender sobre a vida". E agora havia chegado o momento de aprender isso na prática. Durante dois dias pude acompanhar os momentos difíceis da vida da minha avó, dar a Unção dos Enfermos, celebrar a Santa Missa e até cantar uma música para ela. Este é um segredo que conto só para você!

Minha avó era muito devota da Virgem Maria, por isso cantei uma música que ela mesma me ensinou quando eu era pequeno, uma música da coroação de Nossa Senhora. Foi um momento lindo: primeiro, nós sorrimos (é claro que ela sorria do meu jeito de cantar); depois, choramos muito, sem dizer nada, bastava o olhar. Qualquer palavra ali seria insignificante para expressar nossos sentimentos.

Parecia que eu estava num barco, no meio de uma enorme tempestade, e em virtude da fragilidade da minha avó e nossa impotência diante da situação, certamente esse barco só poderia ser de papel. Queria, naquele momento, poder dizer palavras bonitas e de esperança, mas toda a minha filosofia e teologia foram sabotadas por meus sentimentos. Estava com medo, triste, sem respostas e muito cansado. Algumas vezes, tive vontade de fugir, mas então me lembrava de tudo o que eu havia escrito para você e isso me impedia de buscar um esconderijo, refugiando-me em Deus. A todo instante os meus sentimentos queriam me convencer do abandono de Deus, mas, mais uma vez, me lembrava de minhas próprias palavras dirigidas a você, e uma força surgia para me encorajar a seguir adiante. Lembrar de você me ajudou a continuar no caminho!

No dia 3 de agosto, de manhã, quando ainda tomava banho, minha avó sofreu uma forte queda de pressão, e ali se intensificava uma das maiores tempestades já enfrentadas por mim na vida... A partir daí, todos se reuniram no quarto da minha avó, que respirava com muita dificuldade, não querendo mais comer nem beber água, e abria os olhos com muita lentidão e muito esforço.

Era a hora de um filme inteiro da minha vida com a minha avó passar diante dos meus olhos. Percebi o quanto ela foi presente na minha vida: ensinou-me a rezar, me corrigiu, foi zelosa com nossa família. Senti que naquele momento difícil Jesus não estava só ao meu lado, mas me carregava no colo. Era pouco mais de 15 horas, quando começamos a rezar o terço; na dezena final, fizemos um lindo momento de oração. Foi muito complicado sustentar a oração com o choro dos meus familiares. Então ali percebi que um anjo do Senhor estava ao nosso lado e nos fortalecia, pois era necessário enfrentar aquela dura realidade. Segurava na mão da minha avó e não acreditava em tudo aquilo. Ela estava morrendo e eu sem poder fazer nada; me senti a pessoa mais incompetente do mundo, com as mãos e os pés atados. Tudo aquilo parecia estar me sufocando, fazendo-me sentir muito fraco.

Assim como a areia fina que escapa pelos dedos da mão, sentia que a vida da minha avó escapava da minha mão, que tentava de todas as formas segurá-la, embora fosse a hora de deixá-la ir em direção a uma outra margem, melhor que a que nos encontramos agora. Minha avó segurava na mão de Deus e precisava ir com Ele...

Às 15h40, depois de um breve momento de silêncio, convidei a todos para rezar uma Ave-Maria:

> *Ave-Maria, cheia de graças* [minha avó ainda respirava bem lentamente],
>
> *O Senhor é contigo, bendita és tu entre as mulheres e bendito é o fruto do teu ventre Jesus* [a mão da minha avó vai esfriando e perdendo as forças]
>
> *Santa Maria, mãe de Deus, rogai por nós pecadores* [minha avó dava o último suspiro]
>
> *Agora e na hora da nossa morte, amém* [aquela não foi a hora da nossa morte, porém chegou o momento da morte da minha vozinha].

Beijei sua testa e me lembro de ter dito: "Vozinha, vai com Deus, não tenha medo, pois é Jesus mesmo que está no controle do barco. Agora a senhora está segura e todos nós aqui ficaremos bem. Deus mesmo está nos fazendo fortes".

Agora ali eu tinha uma família inteira sofrendo e chorando muito. E não era qualquer família, era a minha família; as pessoas que mais amo estavam sofrendo, e eu não podia fazer nada para mudar aquela situação; eu era como um frágil barquinho de papel sacudido pelas fortes ondas e ventos da tempestade. Não encontrava uma forma de fugir daquele acontecimento nas nossas vidas; e ainda precisava ser um referencial de esperança e consolo.

Não consigo explicar com palavras bonitas o que vivi, simplesmente foi assim. Na sequência aconteceu o velório, a missa de corpo presente, enterro. A impotência frente àquela tempestade, que balançava toda a minha família, foi sendo contrastada com uma força vinda de dentro de mim que não tinha para dar, mas que à medida que tirava do pouquinho que havia, uma força nova surgia...

Para mim, essa foi uma grande tribulação. Não me escondi nem busquei soluções mágicas ou meias verdades para me enganar. Enfrentei! Tenho a certeza de que, naquele instante, o próprio Jesus me sustentava. As palavras brotavam do meu coração, as atitudes surgiam diante de mim... Posso afirmar, sem dúvida alguma, que Deus me fez "forte na tribulação". Lembrei o tempo todo de buscar na parte de trás do barquinho de papel o Grande Timoneiro, encontrando ali forças e direção segura para que avançasse em direção à outra margem.

> Bendito seja o Deus e Pai de nosso Senhor Jesus Cristo, *o Pai das misericórdias* e Deus de toda consolação. Ele nos consola em todas as nossas aflições, para que, com a consolação que nós

> mesmos recebemos de Deus, *possamos consolar os que se acham em toda e qualquer aflição* (2Cor 1,3-4).

Parece triste terminar um livro que deveria dar esperanças aos leitores com o relato de uma morte e da impotência de um padre frente ao mistério da morte. Mas esse não é o foco central, que está justamente na experiência do enfrentamento da tempestade, confiando apenas nas mãos Daquele que direciona o barco. A fraqueza e impotência humanas abriram espaço para o socorro divino, que se manifestou com força para superar as dificuldades.

Foi assim que Deus me fez "forte na tribulação"! Não aprendi isso nos livros ou na escola, mas a vida mesmo se encarrega de nos dar a lição. Por isso, gostaria de ouvir também a sua partilha, de saber como você tem experimentado essa força em meio às tribulações. Quando partilhamos nossas experiências, enriquecemos os irmãos e descobrimos como somos amados por Deus. Agora é sua vez de partilhar!

Não ceda ao primeiro pensamento que vem a sua cabeça: de que a sua partilha é boba e sem importância. Isso é uma mentira! Quanto mais concreta for a sua experiência, mais será importante que você a partilhe comigo e com tantos irmãos que esperam pelo seu testemunho, que certamente renovará a esperança de muitas pessoas.

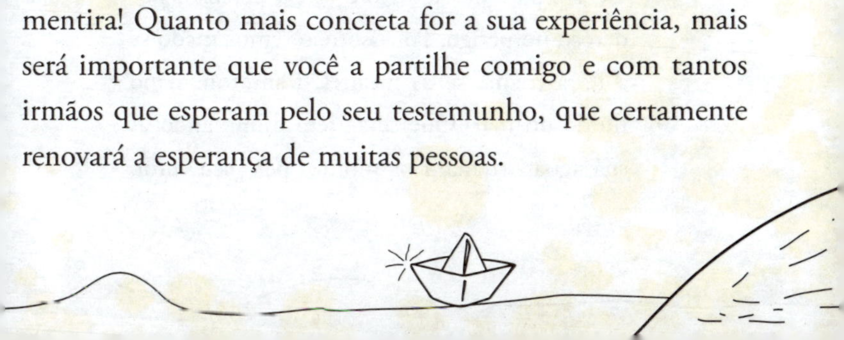

Assim, deixo aqui esse convite, e saiba que a última parte desse livro dependerá de você. Isso mesmo, você se lembra que lá no início deixei-lhe livre para entrar ou não nesse barco? Você aceitou a viagem, por isso agora faz parte desse livro. Complete-o e enriqueça-o com a sua partilha por meio do meu blog: blog.cancaonova.com/padrefabricio ou, se preferir, me escreva e envie para o seguinte endereço: Comunidade Canção Nova, rua João Paulo II, Alto da Bela Vista, sem número, Cachoeira Paulista, SP, CEP: 12630-000, diretamente no meu nome, Padre Fabrício Andrade. Juntos, eu e você, escrevemos esse livro e vamos em direção à outra margem.

> *Sede fortes e corajosos!* Não vos intimideis nem tenhais medo deles! *Pois o Senhor teu Deus é ele mesmo o teu guia, e não te deixará nem te abandonará* (Dt 31,6).

Termino com o Salmo 46(45), que, na verdade, é um grande resumo de tudo o que conversamos aqui.

> Deus é para nós refúgio e força, defensor poderoso no perigo. Por isso não temos medo se a terra treme, se os montes desmoronam no fundo do mar. Que se agitem espumando as sua águas, tremam os montes pelo seu furor.

Um rio com seus canais alegra a cidade de Deus, a santa morada do Altíssimo. Nela Deus está: não poderá vacilar, Deus vai socorrê-la, antes que amanheça. As nações se amotinaram, os reinos se abalaram; ele trovejou, a terra se dissolve. O Senhor dos exércitos está conosco, nosso refúgio é o Deus de Jacó. Vinde e vede as obras do Senhor, ele fez prodígios sobre a terra. Acabará com as guerras até nos confins da terra, quebrará os arcos e partirá as lanças, queimará no fogo os carros de guerra. "Parai! Sabei que eu sou Deus, excelso entre as nações, excelso sobre a terra." O Senhor dos exércitos está conosco, nosso refúgio é o Deus de Jacó.

Bibliografia

Alves, Herculano. *Sementes da Palavra*. Fátima: Difusora Bíblica, 2009.

Bíblia Sagrada. Tradução da Conferência Nacional dos Bispos do Brasil. Brasília/ São Paulo: CNBB/ Canção Nova, 2008.

Catecismo da Igreja Católica: Edição Típica Vaticana. Tradução da Conferência Nacional dos Bispos do Brasil. São Paulo: Loyola, 2000.

Kempis, Tomás de. *A Imitação de Cristo*. Petrópolis: Vozes, 2009.

Impresso em papel off set 75 g/m²
Gráfica Donneley. Julho de 2012.